사십계단 위의 카프카

사십계단 위의 카프카

노경자
이수경
임영매
정광모
권경희
김덕아
김수우

함께 읽고 공부한 책들(카프카 전집, 솔출판사)

『변신』/ 단편전집/ 이주동 옮김

『꿈 같은 삶의 기록』/ 잠언과 미완성 작품집/ 이주동 옮김

『소송』/ 장편소설/ 이주동 옮김

『실종자』/ 장편소설 / 한석종 옮김

『성』/ 장편소설 / 오용록 옮김

『카프카의 일기』/ 이유선 · 장혜순 · 오순희 · 목승숙 옮김

『행복한 불행한 이에게』/ 카프카의 편지 1900-1924/ 서용좌 옮김

『밀레나에게 쓴 편지』/ 오화영 옮김

『카프카의 편지』/ 약혼녀 펠리체 바우어에게/ 변난수 · 권세훈 옮김

『카프카의 엽서』/ 그리고 네게 편지를 쓴다/ 편영수 옮김

서문

우리를 읽고 있는 카프카의 눈빛

 사십계단 옆에서, 백년어서원의 등불 아래에서, 함께 카프카를 읽는다는 것. 이 하나만으로 우리 일곱 명은 서로를 행운으로 여겼다. 코로나19 팬데믹이 들이닥쳤고, 이런저런 피로들이 파도 같았지만 함께 카프카를 이야기한다는 것은 이 지구의 불행에 대해 전체적으로 다시 질문하는 작업이었다. 그 질문들 때문에 낮은 어깨를 겯지 않을 수 없었다.

 카프카의 고독과 소외를 따라가는 일은 쉽지 않았다. 그의 문법은 읽을수록 낯설어졌다. 모두 한 번씩은 두통을 앓았고 도무지 익숙해지지 않는 그 멀미에 자주 불안해졌다. 10권 전집을 읽고난 뒤 우리는 잠시 망연자실했고, 다시 한 번 더 읽기로 했다. 나중에 우리는 이 결정이 매우 현명한 선택임을 자인했다. 우리가 카프카를 읽는 게 아니라 카프카가 우리를 읽고 있음을 감지하면서야 카프카와 마주칠 수 있었다.

카프카는 그렇게 자신의 미로를 따라 우리에게 다가왔다. 카프카를 한 뼘 이해하게 된 것이 우리를 풍요롭게 했다. 한둘을 빼곤 문학 전공자도 아니었다. 우리는 가슴에 울리는 대로 카프카에 대해 써보기로 했다. 카프카의 고뇌에 동참하는 심정이었고, 동시에 우리가 당면한 모든 불안에 하나의 응답일 수 있길 바랐다.

카프카의 글은 에셔의 판화작품과도 같았다. 열심히 올라가는 중인 줄 알았는데 내려가는 층계였고, 최선으로 믿고 싶었는데 늘 불신의 우산 속에 있는 흔들림. 유한을 인정하면 무한이 한없이 펼쳐졌고, 무한을 받아들이면 이내 형편없이 한계에 부딪혔다. 물리학에서 말하는 미세한 끈의 진동들. 공간은 끊임없이 휘어지면서 경계를 넘고 있었다. 하지만 그가 제시하는 통로들에서 우린 잎눈을 틔우고 꽃받침을 만들며 피어날 수 있었다고 확신한다. 모든 미로들은 진실을 이해하려는 올곧은 직시에서 태어나기 때문이다.

이 책은 카프카에 대한 우리의 사랑이다. 끝까지 자신의 영혼으로 응시하고자 했던 존재와 현실, 스스로 화살이 되어 꿰뚫고 싶었던 모순과 부조리. 백 년 전에 그가 감지했던 대로 21세기는 극단적인 물질사회가 되었고 첨예화된 시스템은 인간을 가두었다. 그가 염려했던 삶과 꿈, 그가 걸어야만 했던 미로들. 그 환幻의 슬픔과 불안을 우리는 사랑한다. 제각각의 카프카를 향한 사랑을 일곱 개의 시선으로 기록한 이 책은 이 시대에 카프카가 왜 절실한 고유명사인지를 증거하고 싶었다.

여기에 담긴 소박한 발견들이 자본주의를 고민하는, 또한 자유의 이마를 바라보는 이들에게 건네는 작은 선물일 수 있을까. 미약하지만 산수국 같은 꿈을 꾼다.

2021년 가을 문턱에서
백년어서원의 물고기들과 함께
오늘도 흘러가며

차례

서문
우리를 읽고 있는 카프카의 눈빛   007

노경자
이방인과 공동체   015
문지방 너머   023
부모로, 어른으로 살아간다는 것에 대하여   032
그럼에도 불구하고   040

이수경
나도 불안과 함께 살아간다   053
접속하고 통접하고 지속하라   066
카프카의 언어   073
탈주, 생성의 길   080

임영매
출구가 없는 미로   093
사라짐의 운명-카프카 『실종자』   102
아버지의 초상   112

정광모

여신과 카프카　127

꿈과 카프카　137

권경희

실존의 그림자, 죄책감　147

카프카의 방　154

카프카의 인생미학　161

김덕아

카프카에게 보내는 편지　169

성 밖의 성　175

카프카를 읽으며 카프카를 만나다　181

김수우

「굴」, 고독과 불안이 엿듣는 소리의 미로　187

반정립과 구원으로서의 글쓰기　204

꿈, 허虛를 읽는 객관적인 창조자의 응시　220

필진 약력　236

노경자

카프카를 만나는 날은 아스라이 멀어지는 불빛처럼 어두워졌다가 때로는 자아가 미로 속에 헤맬 때도 있었다.

그럼에도 불구하고 그를 계속 만났던 것은 내 삶의 참된 존재이유를 느끼게 해주었기 때문이다.

이방인과 공동체

카프카는 프라하에서 태어났고, 독일어로 글을 쓴 작가이다. 그의 아버지와 어머니는 유대인이다. 아버지는 서구 유럽에서 성공한 상인이었다. 카프카는 독일계 김나지움에서 독일어로 수업을 받았으며 법학을 전공했다.

일부 유대인들은 민족적 정체성을 버리고 서부 문화를 받아들였으며 그 나라의 시민이라고 생각하였다. 그렇다면 유럽인들은 유대인들을 어떻게 바라보고 생각했을까? 그들은 유대인들을 시대의 '기생충'이라고 부르기도 하였다. 당시 유대인의 몸을 퇴화된 갑충에 비유하며 서부 유대인에 대해 반기를 들었던 것이다.

카프카는 일기(1910년 6월 19일)에서 자신이 받았던 교육이 해가 되었고 자신을 망가뜨렸다고 토로하였다. 연인 밀레나에게 보낸 편지(1920년 5월)에서도 자신은 한 번도 독일민족 속에서 살아본 적이 없으며, 독일어가 모국어이기 때문에 자연스럽게 느껴질 뿐이라고 하였다. 또한 카프카가 다녔던 회사에는 유대인이 3명뿐이었다. 그가 남긴 수백 통의 편지와 일기를 읽어보면 결코 자신의 직업을 좋아한 적이 없었다는 것을 알 수 있다.

카프카의 대표적인 소설 「변신」에서 그레고르가 갑충으로 변했던 아침에 회사의 지배인이 그레고르의 집으로 찾아왔다. 그레고르는 "왜 나는 조금만 늦어도 굉장한 의심을 사는 그런 회사에 다니는 신세일까?"라며 투덜거린다. 그의 직업은 외무사원이었다. 그는 열심히 일해서 가족들을 먹여 살렸고, 여동생을 누구보다 아꼈다. 회사 사람들이 외무사원인 자신을 좋아하지 않는 것도 알고 있었고, 많은 돈을 벌어서 부유하게 산다며 뒤에서 수군거리는 것도 잘 알고 있었다.

당시 유대인들의 전형적인 직업은 세일즈맨이었다. 그레고르는 갑충으로 변해버린 자신을 보면서 두려워하지 않았고 오히려 위안을 받았다. 그레고르는 가족을 위해 자신의 삶을 포기하며 살았다. 갑충으로 변한 지금에서야 자신이 앞으로 어떻게 살아갈지 대해 처음으로 조용히 생각할 여유를 가질 수 있었다. 어쩌면 카프카는 그레고르 잠자의 삶을 꿈꾸었는지 모른다. 카프카가 자신만의 세계(방)에 갇혀 글을 쓰고 싶다고 편지나 일기에서 고백했던 것처럼 말이다.

> 우리는 다섯 친구들이다. 우리는 언젠가 어떤 집에서 차례로 나오게 되었는데, 우선 하나가 나와 대문 옆에 섰고, 그 다음에는 두 번째가 와서, 아니 나왔다기보다는 오히려 수은 방울이 미끄러지듯 가뿐하게 대문을 미끄러져 첫째로부터 멀지 않은 곳에 섰고, 그 다음은 셋째, 그 다음은 넷째, 그 다음은 다섯째가 나왔다. 결국 우리는 모두 한 줄로 서있었다. …(중략)… 그때부터 우리는 같이 살고 있다. **만약 여섯째가 자꾸 끼어들지만 않았다면 평화스러운 생활이었을 것이다. 그는 우리들에게 아무 짓도 하지 않는다. 그러나 우리는 그가 귀찮다. 그러니 그것으로 충분히 무슨 짓인가를 한 셈이다. 아무도 그를 원하지 않는 곳에, 그는 왜 끼어들려고 하는 걸까? 우리는 그를 모르며 우리들 안으로 받아들이고 싶지도 않다.** 우리 다섯 사람도 전에는 서로 잘 몰랐으며, 굳이 말한다면 지금도 서로 잘 모른다. 그러나 우리 다섯 사람에게는 가능하고 참아질 수 있는 것이 저 여섯 번째에게는 가능하지 않으며 참아지지도 않는다. …(중략)… **하나의 새로운 합류를 우리들은 원하지 않는다. 물론 우리들의 경험의 토대로 한 것이다. 그러나 어떻게 그 모든 것을 여섯 번째에게 가르친단 말인가. 긴 설명은 이미 그를 우리 그룹에 받아들인다는 것을 의미하는 것이나 다름없을 터이니 우리는 차라리 아무런 설명도 하지 않고 그를 받아들이지도 않는다. 그가 아무리 입술을 비쭉 내민다 할지라도 우리들은 그를 팔꿈치로 밀쳐 내버린다. 그러나 우리가 그를 아무리 밀쳐내도 그는 다시 온다.**[1]

각각 다른 사람들이 모여 하나의 공동체를 만들었다. 그

---

1) 카프카, 「변신」, 솔출판사, 582-583쪽.

들은 서로를 그럭저럭 이해하며 평화롭게 지냈다. 어느 날 낯선 사람이 자신들의 공동체를 기웃거리다가 아예 들어오려고 하였다. 자기들끼리만 살고 싶었던 그들은 결코 새로운 합류를 받아들이고 싶지 않았다. 그를 모르는 척하기도 하고 밀쳐내기도 했다. 하지만 공동체로 들어오려는 그를 막을 수 없었다.

카프카가 1922년에 쓴 장편소설 『성』에서 주인공 K는 늦은 저녁시간, 성이 있는 마을에 도착했다. 그리고 안개와 어둠에 잠겨 있어 아무것도 볼 수 없었다는 말로 이야기가 시작된다. 특히 성이 있음을 알려주는 그 어떤 불빛조차 없었다는 그곳에서 k는 본업인 측량사가 아닌 프리다와 결혼해 마을 사람이 되려고 했다. 그러나 그 또한 실패하고 만다. K는 다람쥐 쳇바퀴 돌듯 어느 곳에도 소속되지 못했고 성의 근처에도 이르지 못한다. 어딘가 있을 거라는 의식만 있을 뿐이다. 실체가 없는 성에 다다를 수 없었던 K는 결국 철저하게 이방인으로 남는다.

유대인들이 서부문화를 받아들이고 그 사회에서 성공하거나 그들의 교육체계를 받아들여도 태생은 유대인이다. 서부유대인으로 성공한 아버지 밑에서 자랐던 카프카는 결코 행복하지 않았다. 아버지는 카프카와 어울려 지냈던 아들의 친구들을 더러운 벌레라고 놀리기도 하였고 카프카가 그들과 가깝게 지내는 것을 달가워하지 않았다. 특히 한 번도 본 적이 없는, 단지 아들과 가깝게 지낸다는 이유만으로 아버지는 유대인 연극배우인 뢰비를 해충과 비교하였다.

1910년대부터 카프카는 동유럽 공연단의 공연을 보고 유대인 배우들과 많은 시간을 보냈다. 그 무렵이었을까. 카프카는 유대인의 전통을 알게 되었고 자기의 정체성에 대해 고민을 하게 된다. 또한 유대인 계몽운동가인 고르돈의 말을 인용하기도 한다. 고르돈은 "집에서는 유대인이 되고 밖에서는 인간이 되라."[2]는 이념을 전파하기 위해 통속 유대어를 사용하였고 나아가 유대어 문학의 기초가 되었다. 현재의 실존에서 불확실한 목표를 설정하더라도 그것을 위해 어떤 일도 감수할 자세가 될 수 있다는 카프카는 이후 작품 속에서 이를 대변하였다.

한편 프라하 도시 중심부에 사는 서부유대인과 도시 외곽에서 유대인의 전통을 지키며 가난하게 사는 동부유대인들이 있다. 유대인이면서 독일학교에 다녔고 독일어로 글을 쓰는 카프카는 그 어떤 공동체에도 속하지 못했다. 카프카는 유대인들과 공유할 수 있는 것이 무엇인지 고민하였다. 카프카는 유대민족에 관련된 책을 읽었고, 1915년 유대인협회가 주최한 '동과 서'의 강연회에 참석하기도 했다. 당시

---

[2] 카프카, 「카프카의 일기」, 솔출판사, 296쪽.

동부유대인들은 서부유대인들을 경멸하였는데, 경멸의 정당성을 가지고 있었기 때문에 서부유대인들은 반박하지 못했다. 그는 그곳에서 다른 사람들의 강연을 듣고 토론의 시간을 가졌으며 직접 강연을 하기도 했다. 하지만 그는 늘 혼란스러워했다.

카프카가 도시 외곽을 자주 가는 이유는 그곳이 편하고 진지하면서도 안정을 찾을 수 있기 때문이라고 고백한 바 있다. 하지만 그는 그 어떤 곳에서도 안주하지 못한다. 카프카는 독일인으로서의 삶을 살거나 동부유대인 또는 서부유대인으로서의 삶을 온전히 살아갈 수 없는 사람이었다. 더군다나 그는 어느 한 쪽에도 서지 못하는 경계선상에 놓여 있었다. 때문에 늘 불안과 고통에 시달렸다. 회사에서도 가정에서도 그는 이방인이자 철저한 타인임을 자처한다. 카프카는 가족들과 융합되지 못하며 이방인보다 더 낯설게 살고 있다는 것을 자각하여 결혼이라는 도피처를 마련하지만 이 또한 실패한다.

카프카는 유대인들과 공유할 수 있는 것이 거의 없었지만 숨 쉴 수 있다는 사실에 만족했다. 나아가 어느 곳에도 속하지 못하는 자신의 혼란스러움을 글쓰기를 통해 극복하고자 하였다. 때문에 자신이 이방인이라는 사실을 받아들이며 작가를 꿈꾸었다. 그는 무슨 일이 있어도 무조건 글을 쓸 것이며 글을 쓰는 것만이 자신을 유지하고 생존을 위한 투쟁이라고 생각했다. 그에게 가족과 직장 그리고 결혼 또한 자신의 글쓰기에 방해되거나 지장을 주는 요인으로 생각했다.

> 내 안에 글쓰기에 대한 집중력이 있다는 것은 아주 잘 인식할 수 있다. 글쓰기가 나의 본질 중에서 가장 생산적인 방향이라는 것이 나의 존재 안에서 명확해졌기 때문에 모든 것이 이 방향으로 몰려들었고, 그 대신 성, 먹는 것, 마시는 것, 철학적 사유, 그리고 특히 음악의 즐거움으로 향했던 모든 능력들이 비어버렸다. 나는 이런 방향에 있어서는 메말라갔다. 이것은 필요한 일이었다. 나의 능력은 전체적으로 지극히 사소하기 때문에 그것들을 전부 합해야만 글쓰기라는 목표를 위해 반이라도 기여할 수 있기 때문이다. …(중략)… 이제는 사무실에서의 일에 의해서만 방해를 받는다. 그런데 이 방해야말로 근본적인 것이다. …(중략)… 나의 진짜 생활을 시작하기 위해서는 이런 사무실의 일은 내던져버리고 이 공동체로부터 나와서 나의 진짜 생활을 시작해야 한다.[3]

공동체란 공동의 생활공간에 상호작용하며 유대감을 공유하는 집단을 말한다. 카프카는 유럽공동체를 벗어나 유대인 공동체 속으로 들어가려 했다. 그가 남긴 작품과 방대한 일기 그리고 수많은 편지를 살펴보면 카프카가 정체성을 유지하면서 공동체에서도 소외되지 않기 위해 문학에 빠져있

---

[3] 같은 책, 277쪽.

었던 것이 더욱 확실해진다. 문학이 항상 분열되기만 하는 민족의식이 하나로 모아지고 적대적인 주변세계에 대해서도 자긍심을 갖게 해주기 때문에 옹호할 태세를 항상 가지고 있어야 한다던 카프카였으니까 말이다.

아무리 밀쳐내도 공동체에 들어가고 싶었던 여섯 번째 사람이었던 카프카는 어떤 선택을 했을까. 1912년 1월 26일 일기에는 "우리가 어떤 인간이든 우리는 우리다. 그러나 우리는 유대인이다."[4]라고 기록되어 있다.

---

4) 같은 책, 296쪽.

문지방 너머

 어릴 적, 문지방을 밟으면 아버지는 "복 달아난다."고 하시면서 혼내셨다. 문지방은 복이 드나드는 곳이다. 안과 밖의 경계지점이다. 행과 불행, 생과 사가 공존하는 곳이다.
 예전에는 사람이 죽으면 집에서 장례를 치렀다. 방에 있던 관을 밖으로 내보내기 위해서는 문지방에 바가지를 얹어놓는다. 관으로 바가지를 눌러 깨뜨리고 나가야 한다. 산 자와 죽은 자의 경계! 지금까지의 이승 인연을 모두 끊고 죽은 자의 영혼이 문지방을 넘어 저승세계로 가야 한다. 죽은 자와 그가 머물었던 집과의 인연을 끊는 하나의 의식이 이루어지는 곳이 바로 문지방이다.
 카프카의 단편소설『변신』에서도 주인공 그레고르 잠자가 문지방을 넘고자 하는 모습을 볼 수 있다. 이야기의 시작은 이렇다. "어느 날 아침 그레고르 잠자가 불안한 꿈에서 깨어났을 때, 그는 자신이 침대 속에 한 마리의 커다란 갑충으로 변해 있는 것을 발견했다."[1] 참고로 카프카의 소설은 거의 첫 문장에서 작품의 모든 갈등을 예고한다.

그는 온 힘을 다해 입으로 열쇠 구멍에 꽂힌 열쇠를 돌려 문을 열어야만 했기 때문에 시간이 오래 걸렸다. 그레고르는 겨우 문을 열고 익숙하지 않는 자신의 몸을 지탱하기 위해 문짝에 기대어 섰다. 부모님과 지배인이 그런 그를 쳐다보았다. 어머니는 기절하였고 지배인은 놀라 달아나버렸다. 아버지는 지팡이를 휘둘리며 방으로 그를 거세게 몰아넣었다.

가족을 위해 하루도 빠짐없이 아침 일찍부터 일했던 그가 갑충으로 변해버리자 사람들의 시선과 행동이 달라졌다. 다행히 여동생이 오빠를 돌보겠다고 자청했다. 하지만 갑충으로 변해버린 아들의 모습을 본 어머니가 또다시 쓰러지자 여동생 역시 태도가 돌변했다. 기절한 어머니를 깨워줄 약물을 가져오려고 옆방으로 달려간 여동생을 그레고르는 도와주고 싶었다. 그러나 그의 진심을 알 수 없었던 여동생은 어머니를 놀라게 했다는 사실에 화가 난 나머지 발로 거세게 문을 닫아버렸다.

설상가상으로 어머니가 기절했다는 소식에 아버지는 분

---

[1] 카프카, 『변신』, 솔출판사, 109쪽.

노했다. 아버지는 그레고르에게 사과를 무차별적으로 던졌다. 그 중 사과 하나가 그레고르의 등에 박혀버리는 불상사가 발생했다. 아무도 등에 박힌 사과를 빼내 주지 않았기 때문에 그의 등은 곪아갔고 고통스러웠다. 마치 카프카가 평생 아버지로부터 당했던 폭언과 폭행으로 고통스러워했던 것처럼 말이다.

카프카가 1919년에 쓴 '아버지에게 보내는 편지'를 살펴보면 카프카와 작품의 주인공이 많이 닮았다는 것을 알 수 있다. 어린 시절, 밤에 물이 먹고 싶다고 칭얼대자 아버지는 속옷차림이었던 자신을 발코니로 끌고 가서 문 밖에 세워 둔 채 문을 닫아버렸다. 카프카는 그때의 일로 인해 마음의 상처가 깊었다. 아버지는 언제든지 자신을 침대에서 끌어내 발코니로 데려갈 수 있는 거인 같은 존재이며, 아버지에게 자신은 가치 없는 존재라는 사실이 고통스럽다고 하였다. 아버지가 작은 격려와 다정스러움 그리고 자신이 갈 길을 열어주기 바랐다. 하지만 아버지는 번번이 자신의 길을 막았고, 그로 인해 무가치한 존재의 느낌을 받으며 살았다고 한다. 아버지로부터 밖으로 나오는 것을 금지당한 그레고르는 바로 카프카 자신이다.

어쨌든 작품 속 그레고르는 어머니의 기절 사건 이후로 문지방을 넘어갈 수 없었다. 그레고르가 아버지에게 아무리 애원해도 소용이 없었던 것은 자신의 말을 전달할 수 없었기 때문이었다.

1913년 9월 28일, 카프카가 브로트에게 쓴 편지에는 이렇게 적어져 있다. "나는 가능하면 이 조용한 가운데 가라앉아 다시는 떠오르고 싶지 않아. 고독이 얼마나 필요한 지, 매번의 대화가 나를 얼마나 더럽히는지"[2] 카프카는 홀로 있을 때 세상이 자청해서 너에게 본색을 드러내 보일 것이며, 세상은 달리 어쩔 수가 없기 때문에 황홀함에 취해 네 앞에서 몸을 뒤틀릴 것이라 하였다.

『장자』〈천도天道〉에 "言以虛靜 推於天地 通於萬物 此之謂天樂언이허정 추어천지 통어만물 차지위천락, 그것은 텅 비고 고요함으로 하늘과 땅을 미루어 이해하여, 만물의 이치에 통달함이라. 이것을 하늘의 즐거움이라 한다." 즉 자신의 마음이 텅 비어 고요하여서 우주와 만나게 되고, 이 우주를 만나서 온갖 만물을 감흥하게 한다. 이것이 곧 성인의 마음으로 천하를 기르는 것을 말한다. 내면의 고요함에 귀 기울인다는 것은 그 순간에 자신이 깨어있고 존재한다는 것이다. 고요 속에서 가짜의 자아를 발견하는 순간 진짜의 자아가 나타난다.

불교에서는 문을 속세와 정토의 경계점으로 생각하여 소

---

2) 카프카, 『행복한 불행한 이에게』, 솔출판사, 296쪽.

통의 문이라고 한다. 문이란 안과 밖, 내부와 외부를 소통할 수 있게 해주며 공간을 구분해 주는 경계이다. 법당으로 들어가기 전에 보였던 문은 화려한 꽃 장식으로 되어 있다. 그러나 막상 법당 안으로 들어가면 오로지 마름꼴살만이 그림자로 비추고 있다. 때문에 문 밖의 세상이 화려하고 부산하더라도 법당에서만큼은 고요함으로 인해 마음의 안정을 서서히 찾아준다.

문은 다른 세상으로 나갈 수 있는 통로다. 그 문이 차단되었지만 그레고르는 자기만의 방에서 자기만의 방식으로 삶을 즐기는 방법을 찾아냈다. 벽을 기어오르기도 하고 특히 천장에 매달려 있는 것을 좋아했다. 그 순간은 그동안 느껴보지 못했던 자유와 기쁨이 있었다. 자유자재로 몸을 움직였고 바닥에 떨어져도 다치지 않을 정도로 자기 몸을 잘 다뤘다. 문지방을 넘어 가족과 사회의 공간속으로 나갈 수는 없었지만 아무도 자신을 방해하지 않는 자기만의 세계가 있다는 사실에 그레고르는 만족해하였다.

그러다가 문지방을 넘게 되는 사건이 발생한다. 여동생이 연주하는 바이올린 소리에 이끌려 자신도 모르게 몸을 움직였다. 낮에 파출부가 실수로 열어 둔 문을 밀고 거실로 내려갔다. 자기 내면의 세계에 갇혀 있었던 그는 세상으로 나가며 생각하였다. '음악에 이렇게 감동을 하는데도 내가 동물이란 말인가?' 그 순간만큼 그가 열망했던 미지의 양식에 이르는 길이 나타나는 것만 같았다.

그러나 가족이 있는 공간으로 들어선 순간, 분노에 찬 시선과 쫓아내려는 난폭한 행동에 그는 다시 자신의 방으로 돌아서가야만 했다. 심지어 여동생마저 "저것이 그레고르 오빠라는 생각을 집어치우세요. 우리가 너무 오래 그렇게 생각해온 것이 우리들의 불행이에요. 그런데 이 동물은 우리를 못 살게"[3]한다며 더 이상 오빠로 생각하지 않았다.

그레고르는 억울했다. 단지 그는 자기 방으로 돌아가기 위해 몸을 돌렸을 뿐인데 말이다. 곪아버린 아픈 몸을 돌리기 위해서는 머리를 함께 들어야 했기 때문에 그의 동작이 유별날 수 있다고 생각했지만, 결코 여동생뿐만 아니라 그 누구에게도 겁을 줄 생각은 손톱만큼이나 없었다.

동생의 연주에 이끌려 쉽게 내려왔던 길은 멀고도 험했다. 그가 방에 들어서자마자 재빨리 문이 닫히고 문고리가 내려졌다. 외부로 나가는 문은 또다시 차단당하고 말았다.

아버지가 던진 사과가 자신의 몸에 박혀 썩어갈 때도, 자신이 좋아했던 물건들을 여동생이 모두 치울 때도 그들을 원망하지 않았다. 그러나 여동생이 갑충으로 변한 자신을 가족의 불행이라며 사라져야 한다는 말을 들은 그레고르는

---

[3] 카프카, 『변신』, 솔출판사, 162쪽.

생각에 잠긴다. 여동생의 음악을 들었을 때 자신이 동물이 아닌 사람으로 생각했다. 희망을 가지고 문지방을 넘었던 그레고르에게 가족들은 함께할 수 없는 존재라고 명확하게 각인시켜 버렸다.

하이데거는 깊은 불안 속에서 자신이 언제라도 죽을 수 있다는 피할 수 없는 사실을 직시할 때 자신의 삶의 방식을 훨씬 더 근본적이고 진지하게 염려한다고 하였다. 존재에 대한 가장 근본적인 질문은 죽음이다.

카프카는 '존재한다sein'는 말은 '현존재Dasein'라는 뜻과 '그것에 속에 있음Ihm-gehören'이라는 두 가지 뜻이 있다고 하였다. 그레고르는 고요 속에서 자신을 들여다보았다. 아버지, 가족 혹은 사회가 그어놓은 금기의 경계를 넘어버린 그레고르는 결국 죽음을 선택했다.

장편소설 『실종자』의 주인공 카알 로스만은 나이 많은 하녀를 유혹하여 임신을 시켰다는 이유 때문에 아버지로부터 집에서 쫓겨났다. 뉴욕으로 향하는 배에서 우연히 자신이 태어나기 전 미국에 와서 성공한 상원의원인 외삼촌을 만났다. 뉴욕의 고층빌딩에 사는 외삼촌은 조심성이 많고 완벽주의자이자 규칙적인 생활을 원하는 사람이었다.

외삼촌을 만난 뒤로 카알은 영어, 피아노, 승마 등을 배우며 상류사회에서 필요한 교육을 받게 되었다. 어느 날,

폴룬더씨가 카알에게 별장 초대를 하였고 외삼촌은 다음날 영어수업이 있다며 허락하지 않았다. 하지만 카알은 풀룬더씨의 별장에 가서 저녁을 보내게 된다. 마지못해 허락했던 외삼촌은 그날 밤 자정에 카알에게 추방의 편지를 보낸다. 준비가 되지 않았다면 다음 기회로 미루라고 했던 외삼촌의 말을 무시한 카알은 외삼촌이 정한 규칙에서 벗어났기 때문이다. 그들이 정한 원칙에서 벗어났기 때문에 카알은 아버지뿐만 아니라 외삼촌에게도 추방을 당했던 것이다. 카프카의 소설에서 주인공들은 하나 같이 원칙과 경계에서 벗어나면 추방을 당하거나 죽음으로 이어진다.

켄 윌버는 죽음에 대해 이렇게 말했다. 고양이는 죽음이 임박했을 때 조용히 숲으로 들어가서 나무 밑에 웅크리고 앉아 죽음을 맞이한다. 물새는 버드나무 가지에 앉아 황혼을 바라보다 더 이상 보지 못할 때 마지막으로 눈을 감고 조용히, 조용히 땅에 떨어진다고 하였다. 그렇다. 삶에 집착을 하게 되면 죽음은 공포의 대상이 된다. 경계는 모호하며 불안과 두려움을 불러일으킨다. 삶과 죽음의 경계를 허물어 버릴 때 죽음은 더 이상 두려운 대상이 아니다.

죽음은 존재에 대한 질문이다. 죽음은 생의 완결이다. 존재의 의미를 묻는 것은 삶을 의미 있게 살고자 하는 몸부림이다. 죽음을 깨닫게 된다면 존재하게 된다. 죽음은 언제든지 내게 일어날 수 있는 가능성임을 깨달았을 때 지금의 자신을 소홀히 할 수 없다.

그레고르는 교회의 탑시계가 새벽 세 시를 칠 때 공허하고 평화로운 고요 속에서 죽어갔다. 세상이 환해지기 시작하는 것을 느낀 그 순간에 그는 자신의 죽음을 담담하게 받아들였다. 카프카가 죽을 수는 있지만 고통은 참을 수가 없었다고 말한 것처럼 그레고르는 죽어서야 문지방을 넘어 밖으로 나올 수 있었다.

늘 경계선상에 서 있었던 카프카는 내면 깊숙이 들여다보며 질문하고 답하기를 반복했다. 그는 불면의 시간들을 작품 속에 고스란히 담아내는 동안 자신도 모르는 사이에 병 들어갔고 서서히 죽어가고 있었다.

삶을 어떻게 살아가야 하는가? 라는 물음에 명확한 해답은 없다. 다만 삶의 한 가운데 서 있기 때문에 그냥 살아가는 것이다. 각자 삶을 바라보는 시선으로 살아내는 것이다. 세상의 부조리에 끝없이 대항하기도 하고 좌절하면서 나름대로 삶을 살아가는 지혜를 얻으면서 말이다.

부모로, 어른으로 살아간다는 것에 대하여

　카프카가 쓴 아버지에게 보내는 편지를 읽어 내려가는 동안 나를 되돌아봤다. 그의 말들은 한 세기를 지난 지금에도 이 시대의 부모들이 깊게 새겨들어야 한다. 부모의 말 한 마디, 몸짓 하나도 아이에게는 힘이 되거나 상처가 될 수 있다.

　카프카의 아버지는 말대꾸를 허용하지 않았고 자주 손을 올리는 행동 때문에 카프카는 아버지 앞에만 서면 말을 더 듬거리고 우물쭈물하였다. 아버지의 강압적 교육방식인 욕설, 위협, 반어법, 악의적인 웃음 등은 오히려 자식들에게 반항과 혐오감 그리고 증오심을 불러오게 하는 결과를 초래했던 것이다.

　편지는 계속 이어진다. 카프카는 자신의 글을 읽어보려고 하지 않는 아버지, 아버지한테 벗어날 수 있을 거라고 생각했던 자신의 결혼과 실패, 아버지에게 가지고 있던 공포의 근거들을 길게 편지에 적어내려 갔다.

> 인생은 '인내 겨루기' 이상으로 많은 참을성을 필요로 합니다. 그러나 이러한 항의에 따라 이를 정정한다 할지라도 그것을 일일이 관철할 수는 없으며 또 그렇게 할 생각도 없습니다. 하지만 제 생각으로는 그것을 정정할 경우에 훨씬 진실에 가까운 어떤 것에 도달할 수 있어서 그 결과 우리 두 사람은 어느 정도 안정될 것이고 삶과 죽음을 좀 더 편한 마음으로 맞이할 수 있으리라 생각합니다.[1]

편지 말미에 언급한 것처럼 카프카의 소망이 이루어졌다면, 그의 죽음이 조금은 편하지 않았을까. 부치지 못한 편지, 전달되지 못한 편지는 부자간의 갈등과 관계를 끝내 회복시키지 못했다.

부모가 되면서 제일 먼저 든 생각은 좋은 엄마가 되겠다는 것이었다. 아이의 첫 걸음마에 기뻐하고 가방을 메고 학교에 가는 아이의 뒷모습에 뿌듯했다. 아이에게 좋은 엄마가 되기 위해 온갖 체험활동을 함께 하였고, 틈만 나면 여행을 다녔다. 그러나 제일 중요한 것이 빠져 있었다는 것을 그 때는 몰랐다. 아이의 눈높이에서 함께 보고 아이의 마음 상

---

[1] 카프카, 『꿈 같은 삶의 기록』, 솔출판사, 594쪽.

태를 읽지 못했다. 분명히 아이들이 좋아하겠지 했던 일들은 지금 생각해보면 모두 엄마인 내 생각이고 계획이었던 것이다.

1914년 11월 12일 카프카의 일기장에는 자식들에게서 감사하는 마음을 기대하거나 요구하는 부모는 고리대금업자와 같으며, 이자만 받을 수 있다면 부모들은 기꺼이 자본을 잃을 위험도 무릅쓴다고 적었다.[2] 이는 카프카가 평소 부모들에게 느끼고 생각했던 것을 솔직하게 표현한 것이다. 부모들은 그들의 헌신과 사랑을 알아주길 바라는 마음을 적잖이 가지고 있는 게 사실이다.

어느 순간 깨달았다. 아이들이 스스로 생각하고 책임지고 세상을 살아갈 수 있게 옆에서 지켜봐주고 격려해 주어야 한다는 사실을 알았다. 부모의 역할은 그것만으로 족하다. 부모들은 자식들이 행복하게 살아가길 바란다. 그런데 행복의 기준이 부모의 관점에서 비롯된다는 게 문제이다. 학교, 직업, 결혼 등 모든 것이 부모가 정한 테두리 안에서 허용된다는 것이다.

행복해야 할 주체는 분명 아이들이다. 그런데 그 과정에 아이들이 없다. 행복하고 건강하게 살기를 원한다면 아이들이 하고 싶어 하는 것 좋아하는 것을 하도록 해 주어야 한

---

[2] 카프카, 『카프카의 일기』, 솔출판사, 568쪽.

다. 그렇지만 말처럼 쉽지 않다. 끊임없이 도전하는 것을 바라봐야 하고 실패하더라도 질책보다 격려를 해 주어야 한다. 스스로 문제를 인식하고 반복되는 실패에도 대담할 수 있도록 격려와 위로를 해줄 수 있어야만 한다.

부모와 아이들은 안정된 삶을 원한다. 대부분은 그럴 것이다. 나 역시 아이들이 하루빨리 안정된 삶을 살아가면 좋겠다는 생각을 하니 말이다. 하지만 거기에는 '행복'이 함께해야 한다는 전제조건이 있다. 그것도 부모가 아니라 아이들의 행복이다.

어느 시대나 마찬가지겠지만 부모로 산다는 것, 어른으로 살아간다는 것이 힘들다. 좋은 부모? 좋은 어른? 말처럼 쉽지 않기 때문이다. 좋은 부모가 되는 것이 어떤 것이라고 단정 지어 말할 수 없다. 다만 그때마다 나는 지나온 삶의 흔적들을 되짚어본다. 내 의사와 상관없이 사막 한 가운데 내던져진 날도 있었다. 그때마다 원하는 삶이 무엇인지 생각하였고, 삶의 의지에 따라 그곳으로부터 벗어날 수 있었다. 가족들이 찬성하지 않았지만 공직세계에 들어가고 싶어 학원비를 벌면서 공부를 했다. 아이들과 나를 위해서 안정된 직장도 과감하게 그만두었다. 그 뒤 우울증이라는 녀석이 뒤따라왔지만 자신에게 집중하는 시간을 가지며 극복했다.

지금까지 내가 하고 싶어 하는 것을 하면서 살았고, 원하는 삶을 살기 위해 노력했다. 비록 내세울만한 명예나 부는 없을지라도 지금, 이 순간, 행복하다. 공부를 하고 글을 쓰는 일을 하고 있지만 나를 학대하면서 하지 않는다. 어떤 사람들은 좋은 글을 쓰기 위해 자발적인 자기 학대를 하는 삶을 선택하기도 한다. 그러나 나는 한 치도 모를 인생에 아등바등 사는 것을 원하지 않는다.

나는 마음에 없는 소리도 못하고, 아부도 못하며, 이해타산으로 인간관계를 유지하는 것을 무엇보다 싫어한다. 때문에 무심한 사람으로 보일 수 있었고, 상처받기도 하고, 손해 볼 일도 생길 때가 있다. 그래도 거짓된 삶을 살아가는 것보다 낫다고 생각한다. 진실하지 못한 마음은 언젠가 들통이 날 것이고, 거짓된 삶을 살면 진정한 행복이 무엇인지 모르고 살기 때문이다.

카프카에 의하면 모든 인간은 각자의 고유성을 가지고 태어나지만 학교와 가정에서 고유성을 말살하려는 데 급급하다고 하였다. 그렇게 하는 이유는 교육을 수월하게 할 수 있고, 아이들의 삶을 수월하도록 해준다고 생각하기 때문이다. 그러나 이로 인해 아이들은 강요가 야기하는 고통을 겪지 않으면 안 된다.

아이들이 진정으로 원하는 것이 무엇인지, 좋아하는 것

이 무엇인지, 스스로 삶의 중심이 되어 살아가는지에 대해 어른들은 진지하게 생각해본 적이 있을까. 행여 아이들이 인생 전부를 걸어보고 싶은 무언가를 찾을 기회를 말살하여 그들이 바라는 것을 제대로 꿈꾸지 않도록 하지 않았는지 부모들에게 질문을 던져 본다. 아무리 부모가 좋은 의미에서 출발했더라도 그것이 아이들에게 기준이 되는 순간 그들에게는 폭력이 될 수 있다.

칼린 지브란은 〈예언자〉에서 자신의 삶을 열망하는 위대한 생명의 아이들은 부모로 통해 세상에 태어났지만 너희로부터 온 것은 아니라고 충고한다. 나아가 아이들이 너희와 함께 있다고 해서 너희에게 속한 것은 아니라는 것을 주지시킨다. 부모들은 아이들에게 사랑을 줄 수 있지만 생각을 줄 수 없다. 아이들은 자신의 생각을 가졌기 때문이다. 부모들은 아이들에게 육신의 집을 줄 수 있으나 영혼의 집까지 줄 수 없다. 그들의 영혼은 내일의 집에 살고 있기 때문이다.

이 세상의 아이들이 건강하게 살아갔으면 좋겠다. 건강한 육체와 건강한 정신으로 살아가도록 해 주는 것이 어른들의 몫이다. 잠시 어머니의 육신을 빌려 세상에 태어난 아이들을 우리는 그들 스스로 자신의 길을 걸어갈 수 있게 해 주어야 한다.

부모라면 언제나 자식들을 믿어주고 사랑을 주어야 하고 언제나 달려와 안길 수 있게 따스한 온기를 품고 있어야 한다. 직접 해주는 게 마음 편하고 쉽게 갈 수 있도록 길을 안내해 줄 수도 있다. 하지만 아이들 스스로 삶의 주체가 되어 세상을 당당하게 마주보며 걸어갈 수 있도록 묵묵히 기다려 주는 것이 낫지 않을까.

부모들은 아이들 앞에 놓인 문제를 아이 스스로 직면하고 대응할 기회를 주어야 한다. 그들의 능력으로 자신의 길을 만들어 갈 수 있게 지켜봐 주고, 아이들을 믿고 있다면 두려워하지 말아야 한다. 만약 부모가 두려운 마음을 가지고 있으면서 겉으로 숨기려고 해도 아이들은 쉽게 눈치를 챈다.

카프카의 단편소설 「변호사」의 한 구절을 부모가 된 어른과 어른이 되어가는 아이들에게 내밀어 본다.

너에게 주어진 시간은 너무 짧아서, 만약 일초를 잃어버린다면 벌써 전체의 삶을 잃어버리는 것이다. 왜냐하면 삶은 네가 잃어버린 시간만큼 더 긴 것이 아니라, 언제나 바로 그 정도의 길이밖에는 되지 않기 때문이다. 그러니까 말인데 네가 만일 어떤 길을 시작했다면 어떤 일이 있더라도 계속해서 그 길을 가라. 너는 이길 수밖에 없을 것이다. 너는 결코 위험에 처하지 않을 것이다. 아마 너는 끝에 가서는 넘어질지도 모른다. 그러나 네가 첫걸음을 떼어놓자마자 뒤돌아서 충계를 내려갔다면, 너는 곧장 넘어졌을 것이다. 아마가 아니라 분명히 말이다. 그러니까 네가 만일 이 통로에서 아무것도 발견할 수 없다면 문을 열어라. 그 문 뒤에서도 아무것도 발견하지 못하면 또 다른 층이 있다.[3]

누구나 자신이 꿈꾸는 소망 하나쯤 가지고 살아간다. 마음속 깊이 들어있는 아름다운 소망들을 포기하지 말아야 한다. 개개인이 꿈꾸는 하나의 꿈이 현실이 되었을 때 우리가 사는 세상은 얼마나 아름다울지 상상해 본다.

---

3) 카프카, 『꿈 같은 삶의 기록』, 솔출판사, 740-741쪽.

그럼에도 불구하고

카프카에게 글을 왜 계속 쓰려고 했었는지 질문을 던졌을 때, 그는 오랫동안 썼던 일기와 편지를 건네주었다. 글을 읽는 동안 아스라이 멀어지는 불빛처럼 어두웠다가 또다시 빛이 스며드는 미드나잇블루 속에 던져질 때도 있었다. 어떤 부분은 공감할 수 있었지만 대부분 이해할 수 없었다는 것이 솔직할 것 같다. 그에 대해 이야기를 하고 평한다는 것은 어불성설에 가깝다. 하여 그가 남긴 일기와 편지에서 그의 말을 이곳에 옮겨보는 것으로 만족하기로 했다.

카프카는 늘 글을 써야 한다는 강박증에 시달렸다. 1915년 1월 20일 일기에, 그는 글쓰기를 끝냈지만 언제 다시 글쓰기가 자신을 받아줄지 불안해하였고, 글을 써야 한다는 숙제와 함께 바로 머리가 무거워졌다고 고백한다. 자신이 살아가기 위해서 다시 글을 써야 한다는 카프카의 삶을 어떻게 이해할 수 있을까. 글쓰기가 내면적 존재의 유일한 가능성이라고 말하는 카프카는 자신이 자유롭고 건강했으면 좋겠다고 하였다.

> 시간은 없고 정말 압박감을 주기 때문에 나는 아무것도 끝마치지 못한다. 만약 하루 종일 자유롭다면 그리고 아침의 이런 불안이 점심때까지 상승하다 저녁때까지 피곤할 수 있다면, 그렇다면 잠을 잘 수 있을 것이다. 하지만 이런 불안에는 고작해야 땅거미가 지는 시간이 남아 있을 뿐이다. 불안은 무엇인가를 강하게 만들고, 그 다음에는 기가 꺾인다. 그리고 밤을 쓸데없이 그리고 해롭게 파헤친다. 내가 이것을 오래 견디게 될까? 그리고 그것을 견딜 목표가 있을까. 또 내가 도대체 시간을 얻기는 할까?[1]

그는 노동자재해보험공사에서 일을 하고 있었기 때문에 매순간 초조했다. 글을 쓰고 싶었지만 시간이 없었다. 소설을 완성하고 싶었지만 잠을 자야 한다는 압박감에 시달리기도 했다. 불안은 무언가를 시작할 때, 무언가를 할 때 가지는 감정 중 하나이다. 우리는 확신에 찬 기대감으로 시작할 수도 있고, 혹은 불안한 마음으로 조심스럽게 첫 발을 내디딜 수 있다. 시작을 한다는 것은 앞으로 나간다는 것이다. 이것도 저것도 아닌 생각에 사로잡혀 있을 때 우리는 괴롭다.

---

[1] 카프카, 『카프카의 일기』, 솔출판사, 73쪽.

카프카는 1918년 누이 오틀라가 세를 빌렸던 취라우 연금술사 골목 22번지의 집에서 8개월 동안 머문 적이 있었다. 그는 그때가 평생 가장 좋았던 시기였다고 1920년 6월 2일 연인 밀레나에게 보낸 편지에서 찾아볼 수 있다. 모든 것과 결별했다고 여기고 네 안에 있는 의심할 여지가 없는 자명한 것들에만 국한하며, 5년 동안 이어진 펠리체 간의 편지 왕래가 없는 그 시간이 자유로웠던 때였다고 회상하기도 했다.

그들에게 무슨 일이 있었을까? 5년 동안 약혼녀 펠리체와 주고받은 편지와 연인 밀레나와 주고받은 편지를 읽었다. 그녀들에 대한 집착과 끊임없이 편지를 요구하거나 절망에 빠지는 카프카의 모습을 대면하게 된다. 게다가 그의 연인들에게 보낸 편지 내용 역시 초기부터 말기에 이르기까지 감정의 폭이 심할 정도로 변덕이 심했다.

1912년 8월 13일, 친구 브로트의 집에서 펠리체 바우어를 처음 만난 후 9월 20일에 펠리체에게 처음으로 편지를 쓴다. 편지뿐만 아니라 책과 과자 그리고 꽃을 함께 보냈지만 펠리체는 10월 23일에 답장을 카프카에게 보냈다. 펠리체의 편지를 읽었을 때 모든 것이 치유될 수 있다고 카프카는 믿었다. 실제로 그들이 만난 것은 다음해 1913년 3월 23일 베를린에서다. 그리고 3개월 뒤 펠리체에게 구혼의 편지를 보낸다. 자신과 결혼을 하게 되면 얻게 되는 것과 잃게 되는 것을 나열하며 펠리체에게 결혼에 대해 숙고해보라고 한다. 희생과 불행, 고독이 함께할 거라는 카프카의 편지를 받았던 펠리체는 어떤 심정이었을까. 두통에 시달리고 불편한 잠과 이상한 꿈을 꾼다는 펠리체의 답장에서 당시의 그녀의 복잡한 심정을 읽을 수 있다.

카프카는 관계를 유지할 수 있는 유일한 형식이 결혼이라고 생각했다. 그는 자신의 변덕스러운 마음과 나약함을 알면서도 결혼을 허락한 펠리체를 고마워했다. 카프카는 자신의 존재일부로 변덕과 나약함이라고 펠리체에게 고백한 적이 있었다. 그러나 그는 펠리체 없이는 살 수 없지만, 펠리체와 함께 살 수 없다는 것도 너무나 잘 알고 있었다.

1916년 7월 5일과 6일 사이에 쓴 일기에 펠리체와 함께 산다는 것은 힘든 일이며 불가능하다고 하였다. 그는 서먹함, 동정, 쾌락, 비겁함, 허영심이 강요되고 어쩌면 깊은 밑바닥에만 사랑이라고 부를 만한 작고 얕은 시내가 흐르는 것이며, 또한 사랑은 찾는다고 얻어지는 것이 아니라 단 한 순간에 번쩍이는 것이라고 고백했다.[2] 더구나 그는 펠리체와 자신과는 편지 속에서만 친했지 인간적으로 친해진 것은 겨우 이틀이 전부라고 하였다.

---

2) 같은 책, 642쪽.

수많은 편지를 받고도 답장을 잘 하지 않는 펠리체는 말로 표현하는 것을 좋아하며 직접적인 교류를 원했다. 반면 카프카는 말하는 것보다 글 쓰는 것을 더 선호했다. 그는 모든 대화가 지루하게 할 뿐만 아니라 자신이 생각하는 중요한 것들과 진지함 그리고 진실을 앗아간다고 믿었다. 서로 다른 성향을 가진 두 사람은 두 번의 약혼과 파혼을 거듭하면서 결국 결별하게 된다.

1919년 가을, 밀레나가 카프카에게 그의 작품들을 체코어로 번역하는 것을 허락해 달라는 부탁의 편지를 보낸다. 카프카는 그 해 10월 프라하의 한 카페에서 밀레나를 처음으로 만난 후, 1920년 4월부터 1921년 1월까지 꾸준히 밀레나와 편지를 주고받았다. 체코인 밀레나는 독일계 유대인인 폴락과 결혼한 유부녀였다. 밀레나는 당시 여성 편력이 심했던 남편 폴락과의 결혼생활이 삐거덕대고 있었던 시기였다.

초기에 쓴 편지에는 밀레나의 편지가 매일 아침 하루를 견뎌낼 수 있는 힘을 준다거나, 편지의 힘이 크기 때문에 편지를 주고받은 날들을 하루라도 포기하고 싶지 않다고 할 정도였다. 또 다른 편지에도 신실하고 쾌활하고, 나를 행복하게 해 주는 사랑스러운 밀레나의 편지가 구원자라면서 흥분하는 카프카를 만나볼 수 있다. 구원자 같았고, 자신을 더 강하게 해주며 목마름을 느끼게 했던 밀레나의 편지는 한 달 뒤 카프카를 약하게 만들고 있다는 것으로 변한다. 너무나 심각해서 편지를 읽을 때는 입술을 깨물어야 하고, 관자놀이에 느껴지는 작은 고통 외에는 아무것도 확실한 게 없다고 호소하면서도 오히려 자신은 괜찮다며 밀레나가 아프지 않기를 부탁했다.

몸과 마음이 병든 카프카와 바람둥이 남편을 여전히 좋아하는 밀레나, 두 사람 사이는 결코 이루어질 수 없는 관계였다. 밀레나의 방에 있는 옷장이고 싶다던 카프카는 깨달았던 것이다. 밀레나가 자신과 살기 위해서는 금욕적으로 살아갈 용기가 있어야 하고 그보다 앞서 남편과 헤어져야 한다. 카프카는 밀레나가 그렇게 할 수 없다는 것을 잘 알고 있었기 때문에 그녀에게 이별의 편지를 보낸다.

카프카의 인생에서 결혼은 중대한 결정이었고 문학 사이에 갈등하는 요소였다. 펠리체와 밀레나를 사랑함에도 불구하고 그들과 함께할 수 없었던 것은 그만큼 결혼에 대한 불확실성과 문학에 대한 열정이 더 컸던 것이다. 카프카는 혼자 있는 것을 좋아했고, 문학과 관련 없는 일을 무엇보다 싫어하고 지루해했다. 고독을 너무나 사랑하고 불행과 고통을 심장처럼 여겼던 카프카!

카프카는 모든 시간을 오로지 글만 쓸 수 없다는 사실에 감정적 고통을 느끼며 살았다. 그는 자신한테 그 시간이 허락되지 않는다는 사실에 쉽게 고통을 느꼈고 그로인해 휴식을 전혀 취할 수 없었다. 고통은 참을 수 없는 것이었고 고통에서 벗어나려고 하면 오히려 더 고통스럽다고 한 카프카였으니까 말이다. 나아가 그는 고통에 만족할 때에 비로소 멈출 수 있었고, 자신의 존재의 일부로 변덕과 허약함을 들었다.

> 그대의 편지들 중에 가장 아름다운 편지들은 그대가 나의 두려움에 대해 정당하다고 말하면서도 동시에 그 두려움을 가질 필요가 없다고 나를 설득하기 위해 노력하는 편지들이었소. 왜냐하면 내가 때로는 내 두려움의 매수된 변호사처럼 보일지는 몰라도, 나 역시 내면 깊숙한 곳에서는 그 두려움이 정당하다고 인정하고 있는 것 같기 때문이오. 그렇소. 내 존재 전체가 두려움으로 이루어져 있소. 그리고 그 두려움은 아마도 나의 가장 훌륭한 부분일지도 모르오.[3]

그는 행복을 가까이 하지 않았고 늘 불행이 자신 안에 머물러 있어야 한다고 할 정도였다. 카프카의 내면을 가득 채우고 있었던 불안, 두려움, 고통 등은 영원히 벗어날 수 없는 존재의 일부가 되어버렸다. 그는 그것들을 문학으로 이끌어 갔다.

열정적인 사랑과 변덕스러움 사이에 있던 카프카를 만나는 밀레나를 알고 싶었다. 다행히 밀레나가 카프카의 절친

---

3) 카프카, 『밀레나에게 쓴 편지』, 솔출판사, 237쪽.

막스 브로트에게 보낸 편지와 그녀가 쓴 수필에서 해답을 구할 수 있었다.

밀레나는 늘 잘 지내고 있고 자신에게서 힘을 얻고 좋은 영향을 받고 있다는 카프카의 말에도 혹시나 자기로 인해 그가 고통을 받을 때는 즉시 알려달라고 브로트에게 부탁했다. 밀레나는 카프카가 돈, 여자에 대한 편협함, 관직에 대한 두려움, 거짓말을 못하는 순수한 사람이라는 것을 잘 알고 있었다. 밀레나가 왜 펠리체를 사랑했는지 묻는 질문에 "그녀는 매우 유능하다"고 대답하면서 그녀에 대한 존경심으로 빛나기 시작했다는 카프카! 밀레나는 카프카를 너무 순수하고 천진난만해서 세상이 수수께끼이며 금욕적인 삶을 사는 사람이라고 하였다. 그녀는 대부분 사람들이 생각하는 삶과는 완전히 다르게 사는 카프카의 삶을 꿰뚫고 있었다.

카프카가 밀레나에게 더 이상 편지를 주고받지 말자며 절교를 선언했을 때도 밀레나는 카프카를 걱정했다. 자신이 다른 여자처럼 카프카를 아프게 하여 병이 더 악화되게 했는지, 혹시 자신으로부터 벗어나기 위해 두려움 속에 있는 것이 아닌지 알려달라고 브로트에게 또 한 번 부탁할 정도였다. 밀레나는 카프카의 두려움을 알았고 이해해주는 여인이었다. 하지만 밀레나는 남편을 떠날 수 없었고, 카프카의 금욕적 삶에 동참할 용기도 없었다.

그녀는 카프카가 죽은 후 그에 대한 애도사를 썼다. 카프카는 자기만의 길을 가는 사람이었고, 현자였으며, 세상을 두려워했던 사람이며 또한 소심하고 부드럽고 착한 사람이었지만 그의 글들은 잔인하고 고통스러웠다고 하였다. 카프카의 작품 세계는 인간사에 대한 불가사의한 몰이해와 죄없이 저지른 잘못 등으로 인해 야기되는 끔찍한 전율을 묘사하였고, 섬세한 양심을 가졌던 예술가이자 인간이었다며 글을 마무리하였다.

카프카의 소설, 편지, 일기에서 줄곧 따라다니는 단어는 불안, 두려움, 불행, 변덕, 허약함, 강박관념 등이다. 밀레나는 카프카가 만났던 여자들보다 더 카프카의 내면을 잘 알았고, 그의 작품들을 번역하면서 그의 작품 세계와 작가의 심리상태도 파악하고 있었다. 그들은 서로를 잘 이해하였으나 결코 결합할 수 없는 두 사람이었다.

밀레나가 쓴 수필 〈부뚜막의 악마〉에서 그녀의 결혼과 사랑에 대한 생각을 들을 수 있었다. 수필은 "현대에는 왜 모든, 아니면 거의 모든 부부들이 불행하게 살고 있는가?"라는 질문에서 시작된다. 밀레나는 그 질문에 '왜 행복해야만 하는 거지?' 되묻게 되기 때문에 당혹스럽다고 한다. 결혼의 타당한 이유는 함께 살기 위해 결혼하는 것이지, 행복을 원해서 한 결혼은 결국 행복해질 수 있는 가능성을 스스로에게서 빼앗아 가두어버린다는 것이다.4) 함께 살 수 있는 삶 자체, 상대방의 내적 삶의 본질을 이해하고 행복에 대한 동경보다는 현실적 기반 위에 세워져야 한다. 결혼뿐만 아니라 인간관계에서도 서로의 존재를 있는 그대로 인정해 줄 때 자신뿐만 아니라 타인도 행복해지는 것이 아닐까.

한편 카프카는 자신을 확인할 수 있는 곳이 바로 일기이기 때문에 포기하지 않고 꾸준하게 쓴다고 하였다. 병마와 싸우고 있었던 그 순간에도 그는 글쓰기만큼은 포기하지 않았다. 자신 안에 글쓰기에 대한 집중력이 있다는 것을 아주 잘 인식할 수 있었다고 일기에서도 고백한 바 있다. "글쓰기가 나의 본질 중에서 가장 생산적인 방향이라는 것이 나의 존재 안에서 명확해졌기 때문에 모든 것이 이 방향으로 몰려들었다"5)라고 하였다.

작가는 자신의 시선에서 소설을 가볍게 혹은 무겁게 적어 내려간다. 카프카의 글과 그가 걸어온 인생의 흔적들을 읽는 내내 결코 가볍지 않았다. 안개 속에서 보일 듯 말 듯 한 실루엣을 보았다고 말하는 게 더 정확할지 모른다. 2년 넘게 카프카를 만났지만 아직도 그를 잘 모르며 이해하기에

---

4) 같은 책, 452-453쪽.
5) 카프카, 『카프카의 일기』, 솔출판사, 277쪽.

는 역부족이다. 하지만 소설 속에 일어나는 일은 현재에도 어떤 형태로 일어나고 있다는 것만은 확실하다.

카프카가 세상에 던진 존재의 물음, 세상의 부조리, 삶의 근원적 문제 등은 여전히 숙제로 남아 있지만 그래도 그를 만나게 되어 행복했다. 노자가 감각적 세계보다 내명內明한 인간의 소박한 자연성을 강조했듯이 잠시나마 존재의 유有를 떠올리게 했다.

카프카가 꾸준하게 편지와 일기를 썼던 이유 중 하나는 자신의 생각을 드러내고 솔직한 감정을 여과 없이 표출할 수 있었던 통로였기 때문이다. 자신의 내면을 꿰뚫고 존재의 삶을 추구했던 카프카에게 더 이상 질문을 하지 않기로 했다. 지금 그는 산책을 나가야 했고, 자신만의 시간을 가져야 했기 때문에 조용히 편지와 일기를 카프카에게 돌려주었다.

이수경

칠월의 청포도가 익어갈 즈음 다시 만난 카프카,

그를 만나는 동안 사지는 탈구되고, 몸은 뒤틀리고, 머리는 산산조각이 나 버렸으며, 눈은 충혈 되고 고막에 구멍이 뚫려버려 갈 길을 잃어버렸다. 이 기관 없는 신체를 불 붙여주고 결합하고 접속시켜 준 이도 다름아닌 카프카였다. 비이성의 경계선을 가로지르며 지속적이고 긍정적으로 삶을 살아가야 하는 이유,

내게 답을 준 이도 바로 카프카였다.

나도 불안과 함께 살아간다

불면의 밤을 함께 하고 싶습니다.

프란츠, 왠지 프란츠라고 그냥 부르고 싶습니다. 10권의 책에서 일 년 넘게 당신을 만나는 동안 조금 가까이 다가간 기분이 들기 때문이랄까요. 그리고 카프카라는 이름의 무게에 오랜 세월을 감내해야 했던 당신의 짐을 조금이나마 내려놓고 잠시나마 휴식을 취할 수 있기를 바라는 마음이랄까요. 카프카라는 알려진 이름보다 가족들이 불렀을, 연인이 불렀을 당신의 이름이 좋습니다.

프란츠, 처음에 당신을 만나며 참 힘들었습니다. 매일 제 어깨를 짓눌렀고, 머리가 지끈거렸으며, 마음에 큰 돌덩이가 들어앉은 것처럼 온몸이 아팠습니다. 그러다가 어느 날은 갑자기 우울해져서 당신이 가장 가혹한 벌이라고 했던 불면의 밤을 여러 날 보내야 했습니다. 저도 당신처럼 엄청

나게 민감해진 귀로 울려 퍼지는 새벽의 종소리를 무시무시하게 들어야 했습니다.

그러나 힘든 날만 있었던 것은 아닙니다. 당신이 쓴 편지, 소설, 엽서들을 읽으며 당신과 함께 웃었고, 함께 여행했으며, 함께 연극을 보고 함께 그 풍경 속으로 걸어갔습니다. 그럴 때면 한없는 충만함으로 그리고 기묘한 떨림으로 당신과 마주했습니다. 당신이 단편들 속에서 흥분하게 되고 두근거리는 가슴이 점점 당신을 그 안으로 몰고 갔듯이 저 또한 그 단편들 속에서 헤어 나올 수가 없었습니다. 당신처럼 거기서 빠져 나오려 노력해 보아도 며칠은 아니 몇 시간도 그러지 못했습니다.

프란츠, 당신이 원했던 것은 오로지 밤을 새워가며 글을 쓰는 것이었습니다. 글을 쓰면서 파멸해가거나 미쳐버리고 싶다는 당신을 바라보면서 저 자신을 돌아보았습니다. 세상과 격리된 채 풀과 열매를 먹으며 삶을 살아가더라도 유혹에 굴복하여 내면에 무엇이 있는지 스스로 알게 될 때까지 계속 글을 쓰는 것, 그것만이 당신이 원했던 삶입니다. 글을 쓸 수 없다면 모든 것은 훤히 들여다보이는 꿈에 지나지 않는다는 당신, 그래서 아마도 사랑하는 연인 펠리체와의 결합은 당신에겐 불가능했을 지도 모르겠습니다. 당신의 전 존재는 문학을 향해 열려 있었기에 사랑하는 연인 펠리체와의 결합은 행복이 아니라 가장 불안한 것이 되었겠지요. 프란츠, 당신은 펠리체가 있다고 해도 소설에서 벗어나지 않을 것이라고 했습니다. 설사 그렇다 해도 좋지 않을 것이라고 했습니다. 왜냐하면 글쓰기를 통해 당신은 삶을 붙들고 있고 펠리체가 서 있는 배를 붙들고 있으니까요. "내가 뛰어 올라갈 수 없어 슬픕니다. 그러나 그대여, 내가 글쓰기를 잃어버린다면 그대와 모든 것을 잃어버린다는 것을 이해하세요."[1]

프란츠, 당신을 붙잡는 불안, 하늘의 명령인, 진정될 줄 모르는 불안, 예전에 가장 중요하게 여겼고 어느 정도는 정당함을 지녔던 건강, 적은 수입, 애처로운 본질 등은 불안 앞에서 사라지고 만다고 하신 당신의 말을 이해합니다. 이 모든 것들은 불안 앞에서 아무 것도 아니며, 불안에 의해 단지 유예된 것처럼 보이는 불안을 저도 경험했습니다. 아침부터 시작된 불안은 점심 때까지 상승하다가 저녁 때까지 피곤할 수 있다면, 잠을 잘 수 있을 거라고 당신은 말했지만 그것도 되지 못했습니다. 그 당시 제겐 한 단어로 표현할 수 없을 정도로 광범위한 인간 경험의 스펙트럼을 억지로 담으려고 하는 부정확한 은유일 뿐입니다. 신경학자이자 정신과 의사인 커트 골드스타인은 그의 논문에서 공포는 감각을 예

---

[1] 카프카, 『카프카의 편지-약혼녀 펠리체 바우어에게』, 솔출판사, 255쪽.

민하게 하지만 불안은 감각을 마비시킨다고 했습니다. 극도의 불안으로 감각이 마비된 채 아무리 그러지 않으려 안간힘을 써도 불안은 저를 잠시라도 가만히 앉아있지 못할 정도로 가슴이 방망이질 해댔고 불면의 고통으로 저의 모든 것을 교란시켰습니다. 이 상황에서 저항할 수도 벗어날 수도 없었습니다. 인간은 어리석게도 순간과 순간의 힘에 좌우되는 존재에 불과하니까요.

당신에겐 불안이 가장 사랑하는 사람과의 결합 자체에 대한 것이라고 했습니다. 눈이 멀까 봐 가리고 싶을 정도로 당신에게 명백한 그것, 어떻게 그것을 펠리체에게 설명할 수 있겠습니까! 그 파멸이 당신뿐만 아니라 아내가 되는 펠리체에게 해당되는, 당신이 아내를 사랑할수록 그 파멸은 빠르고 끔찍하게 다가온다는 당신의 편지를 읽으며 어느 정도는 공감하고 이해했습니다.

"나를 방해하는 것은 실제적인 사실이 아니라 극복할 수 없는 두려움, 즉 행복에 대한 두려움이며 더 높은 목적을 위해 괴롭히는 욕망과 명령입니다. 그대가 나와 함께 단지 나만을 위한 마차의 수레바퀴 밑으로 들어와야 한다는 것은 끔찍합니다. 내면의 목소리가 나를 어둠 속으로 이끌지만 실제로는 그대에게 이끕니다. 이것은 서로 결합될 수 있는 것이 아닙니다. 그럼에도 우리가 시도한다면 그대와 나는 동시에 타격을 입을 것입니다."[2]

당신 자신조차도 책임질 수 없는데 펠리체와 결혼할 때까지 남은 시간은 견뎌내기 힘든 시간이었습니다. 매달 반복되던 것이 이제는 매주 반복되고 두 번에 한 번 꼴로 편지에서 당신은 이런 불안을 가중시키는 연결 고리를 발견할 것이며, 내면에서 일어나는 이처럼 끔찍한 순환은 다시 작동할 것이라는 당신의 편지가 가슴을 아프게 했습니다. 포기하지 않을 경우 갖게 되는 두려움이 당신의 모든 것을 어둡게 만들어버려서 제겐 더 가슴이 아픈 밤입니다.

펠리체 그리고 또 한 명의 여성과 당신은 세 번의 약혼을 했습니다. 그러는 동안 폐결핵이 당신의 몸에 스며들었고 당신은 이 병이 정신병의 둑이 넘쳐서 그렇게 된 것이라고 했습니다. 그리고 그 두 사람을 불행하게 만든 것은 전적으로 당신의 잘못이라고 밀레나에게 고백했습니다. 다행히 그녀는 상하기 쉬운 성격이 아니었기에 고통을 받기만 했지만 당신은 고통을 주는 것과 받는 것을 동시에 감당해야 했다고.[3] 너무 자책하지 마십시오. 두 여성을 너무나 아프게 했기에 당신이 미웠을 때도 있었습니다. 그러나 그것 또한 당신의 어쩔 수 없는 선택임을 알기에 당신을 보며 위로해주고 싶습니다.

---

2) 같은 책, 554쪽.
3) 카프카, 『밀레나에게 쓴 편지』, 솔출판사, 45-46쪽 참조.

프란츠님, 밀레나는 참 멋진 여성입니다. 당신에게는 둘도 없는 지적인 벗이어서 정말 부럽습니다. 이런 여성을 어찌 사랑하지 않을 수 있겠습니까! 당신의 표현처럼 세상을 완전히 채우고 있을 정도로 밀레나는 사랑스런 여성입니다. 이런 여성과 수많은 편지를 주고받으며 당신의 표현처럼 놀라운 영향력을 얻은 당신은 행운아인지도 모릅니다. 당신이 그렇게 가고 밀레나가 쓴 애도사는 가슴을 울렸습니다. 너무나 진솔한 그녀의 편지에 가슴이 먹먹했습니다. "그는 소심하고, 두려움이 많고, 부드럽고, 착한 사람이었다. …(중략)… 스스로는 외로우면서도 상대방이 눈만 한 번 반짝거려도 그를 거의 예언자처럼 꿰뚫어볼 줄 아는 그런 사람이었다. 그는 세상을 비범하게 그리고 깊게 인지하고 있었다. 그리고 그 자신 또한 비범하고 깊은 세계였다. 전 세계에 걸쳐 오늘의 세대가 치러내야 하는 투쟁들이 담겨있다. …(중략)… 그의 작품들은 모두 인간들 사이에서 일어나는 불가사의한 몰이해, 그리고 죄없이 저지른 잘못 등으로 인해 야기되는 끔찍한 전율을 묘사하고 있다. 그는 다른 사람들은 아무것도 듣지 못하고, 그래서 자신들이 안전하다고 믿고 있는 그곳에서조차 어떤 소리를 들을 수 있을 정도로, 그토록 섬세한 양심을 가지고 있었던 예술가요, 인간이었다."[4]

---

4) 카프카, 『밀레나에게 쓴 편지』, 오화영 옮김, 솔출판사, 436-438쪽.

밀레나가 느꼈던 끔찍한 전율을 당신의 작품 속에서 저도 만났습니다. 의식 속에 자리 잡은 불안이 당신을 헤매게 만들어 잘못된 문장들이 펜 주위에 숨어 있다가 그 끝을 휘감아 편지 속으로 이끌려 들어오는 방식, "나의 단편에 나오는 네 사람이 현재 내 앞에 놓은 페이지에서 울고 있습니다. 적어도 슬픈 상태입니다."[5] 저 날의 당신만 보아도 어떤지 짐작합니다. 그레고르도, 잠자 씨 부부도, 여동생도 「변신」 속에서 눈물을 흘리고 외치고 있으니까요. 아마도 저 네 사람은 당신을 따라 천천히 요동치는 물결에 온전히 자신을 맡겨두고 있을 겁니다. 그럴 수밖에 없을 것입니다. "우리가 거슬러 헤엄쳐가는 이 물결은 너무나 물살이 빨라서 조금만 방심하면 어느새 자신이 한가운데서 찰싹거리고 있는 황량한 적막감으로 절망한다. 다시 말해서 그는 어쩔 수 없는 좌절의 한순간에 끝없이 멀리 밀려와버린 것이다."[6]

> 인간은 일어났다가 뒤로 눕고, 다시 일어나지만, 그것은 동시에 그리고 아주 정말로 완전히 그런 것은 아니다. 그는 그렇게 하나인 것이다. 낢 속에도 쉼이 있으며, 쉬고 있음에도 날고 있다. 이 둘은 다시 모든 개별자로 합쳐지고, 모든 개별자 속에서 하나 됨, 그리고

---
[5] 카프카, 『카프카의 일기』, 솔출판사, 155쪽.
[6] 같은 책, 699쪽.

> 모든 이들에게서 합쳐지고 또 합쳐져서 실제적인 삶을 이룬다. …(중략)… 이 영역으로부터 삶으로까지 가는 길은 바로 없다. 반면에 물론 삶에서 여기로 오는 길은 있음에 틀림없다. 그렇게 우리는 길을 잃고 있다.[7]

우리는 이렇게 길을 잃고 헤매고 있습니다. 아니 그럴 수밖에 없습니다. 당신의 말처럼 삶으로까지 가는 길은 바로 없습니다. 그레고르는 그것을 알았던 것일까요? 카알은 그것을 알게 된 것일까요? 그레고르는 비록 아버지에 의해 죽어가고 있었지만 마지막 순간에도 가족에 대한 애정을 피력했고 순순히 죽음을 받아들였습니다. 그것은 평범한 일상인의 삶으로 욕망을 좇아 더 이상 자신에게 주어진 삶을 배척하지 않는 모습이었습니다. 비록 그 길이 고단하고 아프고 고통 속이었지만요. 그리고 하녀에게 유혹당해 아이를 갖게 했다는 이유로 고작 열일곱 살의 나이로 부모에 의해 아메리카에 내던져진 카알 로스만도 그러했습니다. 카알은 여러 번 추방당합니다. 처음엔 부모로부터, 다음엔 아메리카에서 자신을 돌봐준 외삼촌이 공부 때문에 폴른더 씨의 별장에 가지 말라는 명령을 어겼다는 이유로 밤 12시에 쫓겨납니다. 우여곡절 끝에 옥시덴탈 호텔의 엘리베이터 보이가 되지만 만취한 친구를 데려다 주느라 근무지를 이탈하게 됩

---

[7] 같은 책, 699쪽.

니다. 그 이유로 하루아침에 해고당합니다. 이렇게 여러 번 추방당하기를 반복합니다. 아무리 노력해도 실패하고 또 추방당하지만 카알은 삶을 포기하지 않을 것 같습니다. 당신의 손끝에서 완성되지 못한 카알은 어떻게 될까요? 만만치 않지만 다시 오클라호마 극장의 직원이 되어 자신에게 주어진 삶의 길을 걸어가지 않을까요? 물론 그 길이 순탄치 않겠지요. 당신이 걸어온 길이 그러하니까요. 당신에게 불어닥친 온갖 종류의 고통과 치명적인 폐결핵에 시달리고 있었음에도 끝까지 글쓰기를 포기하지 않았던 당신처럼 카알도 비록 헤맬지라도 그렇게 자신에게 주어진 길을 걸어갔을 거라고 생각합니다.

프란츠님, 매일 거의 매일 저는 아이들과 만납니다. 초등학생부터 대학생까지. 그 아이들을 교육이라는 이름으로 마주합니다. 나의 모든 감각을 동원하고 나의 모든 지식을 동원하여 최대한 순수한 영혼들을 지킬 수 있을까 이 밤 깊은 고민이 생깁니다.

프란츠님! 오틀라, 이 이름만 생각하면 가슴이 아픕니다. 다른 여동생과 달리 오틀라에게만은 유난했던 당신, 당신이 오틀라에게 쓴 여러 편의 엽서를 읽으며 당신이 얼마나 자상한 오빠였는지, 얼마나 다정하고 부드러우며 재치 있는 오빠였는지 알게 됐습니다. "사이좋게 지내기 위해서는 아마 다른 도움 없이 마음을 진정시켜주는 것, 예를 들어 칫솔갑, 거울 그리고 우리 둘이 서로에게 느끼는 선한 의지만 있으면 될지도 몰라. 더욱이 난 너에 대해 최고의 선한 의지를 갖고 있거든."[8] 오틀라야, 너를 이곳에서 만난다는 기쁨 외에도 네가 온다면 어쩌면 여행을 하지 않아도 될 것 같구나. 넌 나에게 그런 존재야. 하지만 난 너 이외의 것을 말해야 한다는 것이 아주 두려웠어. 그러기에는 너무 때가 이르고 이곳에서 충분할 정도로 확고하게 자리를 잡지 못했고, 또 밤만 되면 불안해져. 넌 이 상황을 정확하게 이해할 수 있을 테지. 그것은 좋아한다는 것, 환영받는다는 것과는 아무 상관이 없어. 그 이유는 오는 사람에게 있지 않고 맞이하는 사람에게 있어.[9]

당신은 아버지와는 날카롭게 대립했고, 어머니는 그런 아버지를 도우며 당신을 비롯한 동생들을 하녀와 가정교사의 손에 방치해 놓았었죠. 오틀라는 당신에게 가족 중 유일한 출구였는지 모르겠습니다. 제가 보기엔 오틀라는 당신을 가장 많이 닮았습니다. 당신의 강력한 도움이 있었다고는 하지만 오틀라의 강한 독립적인 성격이 뒷받침된 것 같습니다. 아버지의 강력한 반대를 무릅쓰고 유대인이 아닌 가난

---

[8] 카프카, 『카프카의 엽서-그리고 네게 편지를 쓴다』, 솔출판사, 73쪽.
[9] 같은 책, 178쪽.

한 체코인 다비트와 결혼한 걸 보면 오틀라가 자신의 의지가 얼마나 강한지, 얼마나 자신의 행복과 성공에 대해 확신과 자신감을 지니고 있었는지 잘 알 수 있었지요. 오틀라의 언니들은 아버지에 의해 결혼 당했지만 오틀라는 자신의 확신대로 행동했지요. 이런 오틀라가 언니들과 마찬가지로 아우슈비츠에서 죽었다면 당신은 못 견디겠지요.

오틀라는 체코인과 결혼했기에 아우슈비츠로 가지 않아도 되었지만 남편과 이혼하고 아우슈비츠로 어린이들을 수송하는 데 자발적으로 동행했습니다. 오틀라는 자신의 해방을 받아들이려 하지 않았습니다. 순수하고 아무 죄 없는 유대 어린이들을 아우슈비츠로 홀로 보낼 수 없었을 겁니다. 자그마하고 힘없는 여자지만 그 아이들의 어머니가 되어 함께 죽어가길 자처했습니다. 아무나 할 수 없는 일입니다. 죽을 것을 알면서 그 자리에 스스로 걸어 들어가기란 쉽지 않습니다. 프란츠, 참 대단한 여동생을 두었습니다. 당신만큼 위대한 여동생입니다. 당신이 먼저 갔기에 가족들의 이런 비참한 모습은 보지 않아도 되었지만 이런 아픔은 역사 속에서 다시는 없어야 하겠지요.

당신과 내가 겪고 있는 이 병, 어쩌면 우리 시대 가장 흔한 병인지도 모르겠습니다. 어떤 사람은 심하게 앓고, 어떤 사람은 자주 그 증상을 느끼겠지요. 그리고 어떤 사람은 두려움이 내면 깊숙이 들어와 시달리며 살아갈지도 모릅니다. 인간은 나약하고 완전하지 못한 채로 지옥의 형벌을 견디며 상징계 속에서 살아가야 하니까요. 당신과 나의 대타자는 항상 우리를 따라다니지만 의식할 수 없고, 아무리 그 속에서 헤엄을 치는 것 같지만 그것은 나에게 지각할 수 없는 어떤 것으로 남아 눈 앞에 세워놓고도 파악할 수 없습니다. 키르케고르는 생각을 바꿔봐도, 소란을 피워봐도, 일을 해도, 놀아도, 낮이 되어도, 밤이 되어도 여기에서 벗어날 수는 없다고 했습니다. 차라리 그렇다면 프로이트의 말처럼 정신적 실존 전체에 빛을 밝힐 수 있기를 바라봅니다.

이렇게 불안을 드러내면 수치심이라는 짐을 덜어버릴 수 있고 혼자 고통받는다는 외로움도 덜 수 있을지도 모릅니다. 불안을 감추거나 억누르는 게 더욱 큰 불안을 일으킬 수도 있을 테니까요. 그런데 이 문제를 깊이 들여다보거나 나를 지지해줄 내적 힘이나 외적 방어벽이란 존재하지 않고 내가 바닥으로 추락하는 일을 막아줄 것이 사실상 전혀 없다는 걸 알게 되는 순간이 오지 않을까 걱정스러워 이렇게도 저렇게도 하지 못하는 유약한 나를 발견하고 불안하게 응시합니다.

프란츠님, 키르케고르도 프로이트도 가장 큰 불안을 일으키는 위협은 주변 세계가 아니라 우리 마음속 깊은 곳에 있다고 했습니다. 우리가 내리는 실존적 선택을 확신하지 못하고 죽음에 두려움을 느끼기 때문이겠지요. 이 두려움을 마주하고, 정체성 붕괴의 위험을 무릅쓸 때 정신이 확장되고 자아가 충족됩니다. "불안을 전혀 모르거나 혹은 불안에 파묻혀서 파멸하지 않으려면 누구나 반드시 불안에 대해 알아가는 모험의 과정을 겪어야 한다." 키르케고르가 말했습니다. 싸울 것이냐 도망칠 것이냐? 따라서 적당히 불안해하는 법을 배운 사람은 가장 중요한 일을 배운 셈입니다. 적당히 불안해하는 법을 배우려고 합니다. 저도 노력하는 중입니다.

편지가 하염없이 길어집니다. 밤도 깊어갑니다. 칠흑 같은 밤이라고 하지요. 딱 그렇습니다. 깊은 봄밤 창문 밖엔 풀벌레들의 소리와 종종 귀에 거슬리는 자동차, 오토바이 소리만 들립니다. 아버지의 세계로부터, 사방의 문으로 가로막힌 성으로부터 도저히 벗어날 수 없었던 당신을 생각하면 이 밤도 잠이 들지 못할 것 같습니다. 밤만 되면 불안해진다는 당신, 거기서 편안하신가요? 당신이 원하던 글쓰기는 맘껏 하고 있나요? 저는 이 밤도 쉽게 잠이 들지 못합니다. 불면의 밤은 제게도 가장 가혹한 형벌입니다. 그러나 이 불면의 밤을 당신과 함께 한다면 동행해도 좋을 것 같습니다.

접속하고 통접하고 지속하라

우리는 사회구성체 안에 있다. 우리는 이 안에서 희노애락을 함께 한다. 우리는 모두 태어나기도 전에 이미 구성된 상징계 안에서 살아가야 한다. 거대한 아버지의 법 앞에서 하나의 완전한 인간이 되기 위해 우리는 발가벗겨지고 때론 상처를 입는다. 우리의 통제 너머에 있는 타자의 담론에서 벗어나기란 쉽지 않다. 우리는 라캉이 담론의 회로(circuit of discourse)라고 부른 것 안에 갇혀 있다.

우리는 언어 안으로 태어난다. 언어를 통하여 타인의 욕망이 조직되고, 우리 또한 언어를 통하여 우리 자신의 욕망을 구성해 내도록 강요받는다. 언어는 자신의 지층에 주어진 자신의 소여를 가지고 다른 모든 지층들을 재현할 수 있다. 언어는 세계의 모든 것을 탈영토화된 개체로 번역하고 초코드화시켜 버린다. 우리는 담론의 사슬을 멈출 수 없다.

우리는 이렇게 담론의 회로 안으로 태어난다. 그것은 우리의 출생 전에 우리를 운명지우고 우리의 사후에도 지속될 것이다. 한 명의 인간이 되기 위해 우리는 상징계에 종속된다. 우리는 그것으로부터 탈출할 수 없는 반면 그것은 하나의 체계로서 우리를 벗어난다. 각각의 주체들로서 우리는 사회적 또는 상징적 총체성이라는, 우리의 우주의 총합을 구성하는 체계를 결코 완전히 이해할 수 없지만 그 총체적 체계는 우리를 주체로서 빚어내는 힘을 가지고 있다. 카프카는 어떠했을까? 담론의 회로 안에 갇혀 꼼짝하지 못했을까? 상징계 안에서 나는 내가 아닌데 카프카는 오롯이 나로서 존재했을까?

카프카에게도 쉽지 않은 일이었다. 가족 안에서 그도 자유롭지 못했다. 카프카는 스위프트의 말을 빌려 말한다. "가족은 하나의 유기체인데, 그러나 극히 복잡한 불균형의 유기체이며, 다른 유기체가 그러하듯이 가족 또한 끊임없이 균형을 추구한다. 부모 자식 사이의 균형을 위한 이 노력이 계속되는 한, 그것은 교육이라 지칭된다. 왜냐하면 진정한 교육이란, 그러니까 한 성장하는 인간의 잠재력을 조용히 이타적으로 사랑하며 발전시키는 것이라거나, 아니면 다만 독립적인 발달을 조용히 참아주는 것이라도, 그런 흔적일랑 없으니까 말이다. …(중략)… 말하자면 오랜 세월동안 지속되어온 자녀들에 대한 부모의 엄청난 우세 때문이지. 외부에서만이 아니라 내부적인 정신적 유기체 안에서도, 그로부터 부모들은 자녀들에게서 인간성의 권리를 한 걸음 한 걸음씩 박탈하고, 더 나아가 그들로 하여금 언젠가 이 권리를 건전하게 유효화시킬 능력을 없애버릴 수 있다. 이것은 후일 부모들에게는 훨씬 덜하나 자녀들에게는 치명적으로 닥쳐올 불행이다."1)

인류 안에서 각 인간은 위치가 있다. 이름을 부여받고 아주 특정한 요구 사항과 그에 덧붙여 또한 부모들에 의해 지시된 기한에 상응하기 위해. 인간은 유기체니까. 아들을 삼켜버렸던 크로노스처럼 카프카의 아버지 또한 카프카를 삼켜버리려고 했다. 자신보다도 그 약한 아이가 더 확실히 자신의 권력 안에 있다고 느끼면서 발전을 기다리지 않고 맹목적으로 분노하면서 성장해가는 인간내면을 말이다.

부모들은 가족 내에서 결여되어서는 안 되는 어떤 것이 이 아이에게 결여되어 있음을 경악하면서 인식한다. 그러면 그것을 아이에게 망치질로 주입하며, 산산조각 내버린다고 카프카는 한탄한다. 부모들은 자녀들에 대해서 다만 동물적이고, 분별없는, 자녀를 자신과 끊임없이 혼동하는 사랑만

---

1) 카프카, 『행복한 불행한 이에게-카프카의 편지』, 솔출판사, 626-627쪽.

을 지닌다. 물론 상황에 따라서는 부모가 훌륭한 교육 공동체를 구성할 수도 있다. 그러나 이 또한 카프카를 따라 이방인의 아이들을 위해서일 뿐이다.

카프카는 글을 쓰지 못할 때 가장 힘겨워했다. 글을 쓰면서 자신의 영혼과 대면했고, 글을 쓰면서 실재와 접속할 수 있었다. 삶에 필수적인 것은 자기 향락을 포기하는 것이다. 자신의 집을 경탄하고 화환을 둘러주는 것이 아니라 집에 드는 것이 중요한 일이기에 글쓰기 외에 무엇을 더 할 수 없었다. 그레고르 잠자처럼 가족들에게 무한한 애정을 지닌 채 펠리체, 밀레나 같은 연인과 막스 같은 벗들과 함께 그 속에서 글쓰기로 실재에 다가갔다.

> 나는 글쓰기로 나를 팔아 내몰지는 않았다. 나는 생애 내내 죽었으며 이제 나는 정말로 죽을 것이다. 내 삶은 다른 이들보다 더 달콤했고, 내 죽음은 그만큼 더 처절할 것이다. 내 안의 작가는 곧 죽을 것이다. 왜냐하면 그러한 인물은 지반도, 지속도 없으니까, 또 먼지에서 나온 것도 아니니까, 다만 미친 듯한 속세의 삶 속에서 조금 가능할 뿐이며, 향락욕의 구조일 뿐이니까, 이것이 작가이다.[2]

카프카는 누구보다 자신의 삶을 살고자 했다. 성실하게 치열하게 자신의 내면의 소리에 끊임없이 경청하면서 비록

---

2) 같은 책, 687쪽.

불안이 자신을 잠 못 이루게 할지라도 그것 또한 허영이고 향락욕일 뿐임을 인식하고서 계속 자신이나 타인의 주변에서 지저귀며 즐기는 것, 그것이 카프카의 방식이었다.

> 사람들은 자신들의 모든 힘을 긴장시키고 서로 사랑하면서 도울 때만이 지옥과 같은 심연 위에서 자신들이 원하는 어지간한 높이를 유지할 수 있지. 그들은 서로 밧줄에 함께 묶여 있는데, 한 사람 주변의 밧줄이 느슨해지고 그가 다른 사람들보다 조금 낮게 그 텅 빈 공간 어딘가로 내려앉으면, 그것은 벌써 좋지 않은 일이야. 만일 한 사람 주변의 밧줄이 끊기고 이제 그가 추락한다면, 그것은 끔찍한 일이지. 우리가 다른 사람들과 엉켜 있어야만 하는 이유가 거기에 있네.[3]

카프카는 삶을 배척하지 않았다. 오히려 누구보다 타자들과 엉켜서 자신의 삶을 적극적으로 살아갔다. 우리는 결코 보지도 듣지도 심지어 느끼지도 못한 것들과 대면해야 할 때가 있다. 더구나 그들의 존재는 입증되지 않을 때도 있다. 그러나 그것은 분명 우리 앞에서 가족의 이름, 사회적 관계들을 지닌 채 함입되기도 한다. 그것은 마치 도상에 있는 그림자일 뿐인 함정 속으로 빠지게 한다. 카프카는 내리막에 처해 있을 때조차도 자신을 일으켜 세웠다. "그 어떤 지옥 같은 것이 남아 있더라도 타개할 수 있어야만 합니다. 그리고 당신은 분명 그렇게 할 수 있어요. 제가, 참으로 모

---

3) 같은 책, 62쪽.

든 것을 내리막 중에 할 수 있을 뿐인 제가 할 수 있다면 말입니다."4)

모든 일은 외적 환경과 내적 취약점 사이의 경주인지도 모른다. 인간은 불완전한 존재이기에 이 둘 사이에서 끊임없이 방황한다. 카프카 또한 그러했다. 펠리체와의 결혼조차도 두 번이나 붕괴되고 말았다. 그것이 비록 오롯이 자신의 의견만은 아니었지만 행운을 줄 것이라고 믿었던 펠리체와의 결혼도 끝내 허용되지 않았다. 그러나 '아름다운 시간들'을 위해 카프카는 자신에게 불어닥친 잿빛 시간들에게 기꺼이 수업료를 지불했다. 더 할 수 없을 때까지. '어리석음'은 모든 인간이 저지르는 것이기에.

카프카는 누구나 자기 속에 나름의 밤들을 파괴하는 악마를 지니고 있다고 말한다. 그건 좋다 나쁘다가 아니라 그것이 바로 삶이라고 말한다. 그걸 지니지 않았다면 사람이 사는 것이 아니다. 자신의 내면에서 저주하는 것이 있다면 그것 또한 자신의 삶이다. 이 악마는 자신에게 부여된 그리고 그로부터 자신이 이제 무언가를 만들어야 할 질료요, 그러한 자신이 시골에서 일을 했다면 도피가 아니라 양육된 짐승을 다시 한 번 초원으로 내모는 것처럼 자신의 악마를 몰아냈던 것이다. 비록 악마는 여전히 화가 충천해서 이빨

---

4) 같은 책, 149쪽.

을 갈며 악의에 찬 곁눈질로 주인을 뒤돌아보며, 꼬리가 긴 장으로 경련을 일으키더라도. 우리는 성자가 아니기에 내면에서 애를 쓰는 것만으로 좋은 행위일 것이다.[5)]

우리는 사회구성체 안에 있다. 우선 그것이 어떻게 우리를 위해, 우리 내부에, 우리가 있는 곳에서 지층화 되어 있는지 보아야 한다. 지층들로부터 우리를 사로잡고 있는 더욱 깊숙한 배치들로 거슬러 올라가야 하는 것이다. 카프카는 자신의 내면 깊숙이 들어가 배치를 슬그머니 뒤집어서 자신의 욕망들과 접속하고, 흐름들과 통접하며, 글쓰기라는 욕망에 내재하는 기쁨의 장을 향해 지속적으로 뚜벅뚜벅 걸어갔다. 그 기쁨은 어떠한 결핍도, 어떠한 불가능성도 내포하지 않으며, 쾌락으로 측정할 수도 없다.

코로나 펜데믹 시대, 우리는 더 주저앉고 있다. 그러나 그럼에도 불구하고 인간과 인간, 인간과 인간이 아닌 다른 존재들간의 근본적인 소통 가능성의 근거로 생각하고 받아들이고 적극적으로 실험하라. 풀잎을 뒤집어 자신의 길을 간 카프카처럼 무의식의 배치물을 백주에 드러내고, 속삭이는 목소리들을 골라내어 자신의 순수한 욕동을 향해 접속하고 통접하고 지속하라. 그러면 그 길 끝에는 분명히 기쁨이 넘치는 내재성의 장이 펼쳐지리라.

---

5) 같은 책, 514-515쪽 참조.

카프카의 언어

카프카의 언어는 그의 글쓰기 속에서 **빠롤**만이 아니라 랑그가 말더듬이가 되어 살아있다.

프루스트는 말했다. "걸작들은 일종의 외국어로 씌어진다."[1] 그것은 말더듬이와 같은 것이다. 단지 **빠롤**만이 아니라 랑그가 말더듬이가 되는 것이다. 외국인이 되어라. 하지만 모국어가 아닌 다른 언어로 말하는 경우만이 아니라, 네 모국어 속에서 외국인이 되는 것.

유대인인 카프카는 문법체계가 가득한 독일어를 버리고 자신만의 독일어로 글을 썼기에 그의 글들은 살아있다. 마치 한국에 거주하는 한 베트남인이나 중국인이 자신의 모국어가 아닌 짧고 부족하지만 자신만의 한글로 글을 쓰는 것처럼 카프카는 모국어 속에서 외국인이 되어 2개 국어나 다

---
1) 들뢰즈/가타리, 『천 개의 고원』, 새물결, 190쪽.

국어 병용자로 존재하되 하나의 동일한 언어 안에서 방언이나 사투리도 쓰지 않고 사생아나 혼혈아로 존재하여 강렬한 언어로 재탄생시켰다. 언어가 강렬하게 되는 것, 값과 강렬함의 순수 연속체가 되는 것은 바로 이 지점에서이다. 언어 안에 비밀스런 하위-체계를 만들어내기는커녕 숨길 것 하나 없이도 그의 언어가 비밀스럽게 되는 것은 바로 이 지점에서이다. 우리는 절제와 창조적 뺄셈을 통해서만 이 결과에 이를 수 있는 것을 카프카의 언어에서 발견할 수 있다.

> 저는 아직 한 번도 독일 민족 속에서 살아본 적은 없습니다. 독일어는 제게 모국어이고 그래서 저에게 자연스럽게 느껴질 뿐이지요. 하지만 체코어는 훨씬 더 가깝게 느껴집니다. 그래서 부인의 편지가 여러 가지 불분명한 점을 없애주었습니다. 이제 부인을 더 또렷하게 볼 수 있습니다. 몸과 손의 동작들을 말입니다. 그렇게 민첩하고 그렇게 단호할 수가 없군요. 거의 직접 만나 뵙는 것과 다를 바 없는 느낌입니다.[2] -(메란, 1920년 5월)

카프카는 유대인이었는데, 체코에서 쭉 살았기 때문에 체코어가 토착어였고 체코어로 글을 쓰는 것이 가장 쉬웠을 것이다. 그러나 도시의 형성과정에서 체코 사람들이 프라하로 몰려와 프라하의 체코어는 농촌과의 유대성을 잃어버리게 된다. 그럼으로써 도시 프라하의 소통어 속으로 사람들

---

2) 카프카, 『밀레나에게 쓴 편지』, 솔출판사, 31쪽.

이 흡착이 되어 가는데, 보통의 방언들, 전통적인 방언들은 대부분은 농경생활과 깊은 연관이 있었다. 체코어는 독일어에 비하면 당연히 소수어이다. 프라하에서 보면 체코어는 분명 소수어였지만 그는 체코어를 선택하지 않았다. 프라하의 독일어는 빈이나 베를린에 비하면 이미 잠재적 소수어이다. 그리고 당시 독일어는 프라하의 소통 언어였다. 도시생활에 걸맞도록 문명화된 언어가 독일어였다. 독일어는 당시 프라하의 소통 언어로서 기능했음에도 불구하고 이 또한 선택하지 않았다. 문명화, 문화어로서 부상하려고 하는 독일어의 경우에도 권력자들의 욕망이지 민중의 욕망하고는 무관하다고 보았고, 이것을 어떤 귀족적 현상으로 본 것이다.

다음으로는 히브리어이다. 히브리어는 우리가 제사나 특별한 날에 쓰는 한자처럼 문화어로서 기능한다. 중국인의 경우에도 한자어는 문화어로서 기능하고 소통하는 말은 다르다. 그러나 우리나라에서 한자가 문화어로서 그 기능을 상실해버리고 영어가 문화어가 되어버린 지금 히브리어 또한 신비한 언어, 종교적 언어로 신화어로 남아버렸다. 마지막으로 이디시어이다. 이디시어는 혼합어로서 프라하에서 소통되고 있었다. 프라하는 상업이 발달한 지역이 많았고 일종의 국제적인 필요성에 의해서 혼합어인 이디시어가 필요했지만 이디시어는 독일어에 유대어가 결합된 언어로 당시 민중들의 언어로 소통되었지만 프라하에서 체코인에게 소통되기란 어려웠다. 모르는 언어로 글을 쓴다는 것, 그것은 이 언어들이 문학현상을 민중들과 절연시키는 것 외에도 소통까지 끊어버릴 수 있기 때문이다. 결론적으로 히브리어와 이디시어는 엘리트 계층이나 신흥 부르조아, 즉 권력자들의 언어였던 셈이다.

체코어는 농민출신들을 비롯해서 전통사회에서 나름대로 일정한 향유를 했던 사람들이 사용했으므로 소수어 개념에서 가장 소수적이었지만 들뢰즈는 양적으로 적고 영향력이 적은 것이 소수적이라고 말하지 않는다. 소수자가 다수적 언어 안에서 만드는 문학이 소수적인 문학이다. '다수'와 '소수'는 두 개의 언어가 아니라 언어의 두 가지 사용 또는 두 가지 기능을 규정하는 방식이다. 네 가지의 언어 중에 다수어로서 기능하는 언어는 독일어였다. 그러나 유대계 체코인이었던 카프카에게 독일어는 외국어였다. 외국어는 습득하기 힘든 언어로 독일어 역시 분절되어 있어서 자유롭게 구사하기란 어려웠다. 그러한 카프카의 선택은 간결성과 표현성이다. 독일어의 어려운 문장들에서 간결성과 표현성을 축출해내는 방식을 선택한 것이다. 표현성은 일종의 외마디 비명과 같은 것이다. 서술적으로 무언가를 전개하는 방식

대신 감성적으로 다가가서 듣는 이에게 충격을 가해서 이해하게 만드는 방식으로 음악에서 보면 샤우팅과 같은 것이다. 카프카의 작품에서 이 표현성은 외침과 같은 방식으로 살아있다. 당시 프라하에서 문화적인 엘리트로서 행세하기 위해 전통적인 문화와 독일어를 결합시켜서 고급언어로 탄생시킨 독일어와는 전혀 다른 길을 걸은 셈이다. 카프카의 글쓰기에는 상징적인 표현이나 은유적인 표현을 쓰는 히브리어 같은 비의적인 문장은 찾아볼 수가 없다.

카프카의 언어 전략은 독일어를 선택하되, 독일어를 현행의 유대 독일어 그대로 사용하는 것이다. 현행의 유대 독일어를 문화어로 고급화시키려는 전략을 택하는 게 아니라 그 간결성과 표현성을 그대로 살려나가는 방향에서. 그러면 그대로이기 때문에 지금 현재의 민중과 충돌하지 않는다. 간결성과 표현성이라고 하는 것은 어떤 의미에서는 원형적 독일어로부터의 어떤 탈주를 표현하는 특성일 수 있기 때문에 그 점을 집요하게 발전시켜 나가려고 하는, 그런 방법론을 선택했던 것이다. 프라하의 독일어를 과장이나 부풀림 없이 그대로 취하는 것, 그 빈곤함과 간결함을 그대로 취해서 탈영토화를 향해서 언제나 더욱더 멀리 나아가는 것. 그러면서 어휘가 건조해지는 만큼 그것을 강렬도(intensity) 속에서 진동하게 만드는 것. 이것은 상징화라거나 의미적

용법이라거나 기표적 용법이라거나 그런 것과는 다른 방식이다. "어떻게 자신의 언어로 소수적 문학을 이룰 것이며 언어활동을 천착해서 간결한 혁명적 선을 따라 나아가게 할 수 있을까." '어떻게 자신의 언어 안에서'. 카프카는 자신이 사용하는 언어 안에서 유목민이 되고, 이민자가 되고, 집시가 될 것인가. 이것이 카프카의 소수문학을 위한 언어전략이다.

소수어는 다수어 그 자체가 소수어가 되도록 다수어를 투자하는 것이다. 각자는 소수어, 방언, 또는 나만의 말을 발견해야만 하며 거기에서 출발해야 자기 자신의 다수어를 소수어로 만들 수 있다. 이것이 "소수파"라 불리는 작가들의 힘이며, 이들이야말로 가장 위대하고 유일하게 위대한 작가들이다. 자기 자신의 언어를 반드시 정복하기, 즉 다수어 사용에서 반드시 절제에 도달하기, 아직 알려지지 않은 소수어들을 그려내기 위해서 다수어를 정복하기, 소수어를 사용해 다수어를 자아내기, 소수파 작가는 자기 자신의 언어 속에 있는 이방인이다.

독일어로 글을 썼던 체코의 유대인 카프카는 독일어를 소수어로 창조했다. 들뢰즈/가타리에 의하면 언어가 삐약삐약 울게 말을 더듬도록 그리고 거기서 외침, 아우성, 음높이, 억양, 음색, 강렬함을 끌어내어 마치 언어가 음악 그 자체에 더 가까워지도록 언어 전체에 텐서들을 설치했던 것이다. 카프카의 글들에는 삶이 들어 있다. 그래서 그것을 꽉 붙잡고 있으면 전이된다. 카프카의 언어는 살아있다. 그의 소설 속에서, 편지 속에서, 엽서 속에서!

탈주, 생성의 길

> 이 병에는 의심할 여지가 없는 정의가 들어 있어. 병은 정의의 타격이야. 그런데 나는 이 타격을 타격으로 느끼지 않아. 지난 몇 해와 비교해볼 때 오히려 아주 달콤한 것이었지. 정의롭지만 거칠고, 덧없고, 단순하고, 정말 이렇게 쉽게 흔적을 남길 줄 몰랐던 타격이었어. 이 타격이 또 다른 출구를 찾아야 한다고 생각해.[1]

카프카가 원했던 것은 출구였다. 자유가 아니라 단 하나의 출구. 아버지의 세계로부터 벗어나 펠리체와 달콤한 결혼생활을 꿈꾸었지만 그것마저도 출구가 될 수 없었다. 펠리체는 지극히 현실적인 연인이었고 결혼하면 자신이 창작활동을 하지 못할 것이라는 것을 짐작하고 있었다.

카프카가 누이동생 오틀라에게 쓴 엽서에서 보이듯이 아버지는 카프카에게 단순한 아버지 이상의 존재, 단순히 사

---

1) 카프카, 『카프카의 엽서-그리고 네게 편지를 쓴다』, 솔출판사, 61쪽.

랑하지 않는 아버지 이상의 존재였다. 상인으로 출세하고 싶었던 아버지는 자신의 뜻대로 자식들을 교육시키고 계획대로 조종한다. 아버지는 평생을 힘겹게 일을 해왔고, 특히 카프카를 위해서 모든 것을 희생했기에 카프카가 그 덕으로 흥청거리며 살아갔고 배우고 싶은 것은 무엇이든 한껏 자유롭게 해왔다는 것이다.

> 이러한 아버님의 틀에 박힌 표현은, 우리가 그렇게 서먹서먹하게 된 데 대해 아버님은 하등의 책임이 없다는 것을 저 역시 인정할 경우에 한에서만 정당한 것이라고 생각합니다. …(중략)… 별 뜻 없이 물을 달라고 조르는 것은 그 나이의 저로서는 당연한 일이었으며, 그 일로 인해 곧바로 밖으로 끌려나가는, 뭐라고 말하기 어려운 두려운 일을 당한다는 사실이 저로서는 이해가 가지 않았습니다. 그로부터 수년이 지난 후에도 거인인 아버님이, 즉 최종 심급인 아버지가 별 이유도 없이 나타나서는 한밤중에 저를 침대에서 끌어내어 낭하로 데려갈 수도 있다는 사실이, 그러니까 제가 아버님에게 그처럼 가치 없는 존재라는 사실이 고통스러운 상념이 되어 저를 괴롭혀왔던 것입니다.2)

카프카가 아버지께 쓰고 차마 부치지 못한 편지에는 아버지에 대한 원망과 절망이 고스란히 드러난다. 아버지는 강인함, 우월감, 자기만족, 사람에 대한 인식력 등으로 철

---

2) 카프카, 『꿈 같은 삶의 기록-잠언과 미완성 작품집』, 솔출판사, 525-531쪽.

저하게 카프카 가문에 맞는 사람으로 자식들을 키우려고 했다. 카프카가 오틀라에게 보낸 엽서에 보면 그의 아버지는 배고픔의 시련과 궁핍의 시련, 어쩌면 질병의 시련 이외의 다른 시련은 모르시는 분이었다. "분명히 강력한 이런 시련들을 우리가 아직 이겨내지 못하고 있다고 생각하시지. 그렇기 때문에 우리가 자유롭게 의견을 내는 것을 금할 권리가 아버지에게 생기는 거야."3) 자신을 간단히 짓밟아 아무 것도 남지 못하게 했던 아버지였고, 카프카를 무력하게 했던 아버지였다. 그러기에 그는 아버지의 법에서 자유롭기를 원했다. 그러나 그건 무척 고단한 길이었고, 아무리 벗어나려고 발버둥쳐도 꽉 막힌 벽과 문이었다. 그레고르가 아무리 자신의 방에서 나가려해도 사방으로 꽉 막혀 나갈 수 없었듯이.

카프카는 1902년 2월 4일 친구인 오스카 폴락에게 보낸 편지에서 자신이 볼품없는 벽면 앞에 수년간 서 있으면, 그런데도 그것을 허물지 않으려고 한다면, 지칠 수밖에 없다고 말한다. 그러면 기분이 언짢아지고, 하품을 하고, 두통이 일고, 어찌할 바를 모르게 된다고.4) 자신에게 둘러싸인 벽과 문, 카프카는 그것을 뚫고 앞으로 나아가지 않을 수 없

---

3) 카프카, 『카프카의 엽서-그리고 네게 편지를 쓴다』, 솔출판사, 69쪽.
4) 카프카, 『행복한 불행한 이에게-카프카의 편지』, 솔출판사, 30쪽.

었다.

카프카가 원했던 것은 자유가 아니라 단지 출구였다. 카프카가 처한 상황은 원숭이 페터의 상황과 다르지 않다. "똑바로 일어서기에는 너무나 낮고, 주저앉기에는 너무 협소하며 틈새가 있기는 하지만 그 틈새는 꼬리를 들이밀기에도 전혀 충분치 않은… 온 힘을 다해도 넓혀질 수가 없는" 상황이다. 그의 출구는 원숭이 페터처럼 왼쪽이든 오른쪽이든 관계없었다. 그 출구는 페터가 원했던 것이었고 카프카가 바랐던 것이었다.

> 만일 우리가 단 한 명의 악마에게 사로잡혀 있다면, 그리고 그가 우리의 전 존재를 아무런 방해도 받지 않고 평온하게 내려다보면서 어느 때라도 우리를 마음대로 처리할 수 있는 자유를 가지고 있다면, 그 악마는 우리의 인간으로서의 수명이 다할 때까지 우리를 붙잡아두는 힘도 충분히 가지고 있을 것이고, 심지어는 우리의 정신이 우리 안에 있는 신의 정신보다 더 높아지도록 우리들 들어 올릴 수도 있고, 거기서 더 나아가 우리를 계속 흔들어댐으로써 우리가 신의 정신에 대해 더 이상 아무런 흔적도 느끼지 못하도록 만들 수도 있을 것이다.[5]

그렇기에 그는 자유가 아니라 단 하나의 출구만을 원했다. 그에게 유일한 출구는 글을 쓰는 것이었다. 카프카에

---

5) 카프카, 『카프카의 일기』, 솔출판사, 349-350쪽.

따르면 글쓰기는 자신의 본질을 침착하게 활용할 수 있는 능력이었고, 느리게 나가면서도 그 어떤 것도 등한시하는 법이 없는 발걸음이었으며, 필요하다면 언제든 활동할 준비가 되어 있지만 필요 이상으로 빨리 하지는 않는 그런 것이었다. 카프카가 쉽게 고통을 느끼는 것은, 글 쓰는 일이 자신에게 허락되지 않는다는 것 때문이었다.

> 그가 복도로 나가는 문을 열려고 했지만 문이 말을 듣지 않았다. 그는 위아래를 쳐다보았다. 장애물은 발견되지 않았다. 문이 잠긴 것도 아니었다. 열쇠가 안에 꽂혀 있었다. 만약 밖에서 잠그려고 했다면, 열쇠가 튕겨 나왔을 것이다. 그런데 대체 누가 잠가야 했지? 그는 무릎으로 문을 쳤다. 불투명 유리에서 소리가 났지만 문은 꼼짝도 하지 않았다.[6]

카프카는 긴 터널 속에서 사고를 당한 철도 여행객과 같은 상황에 놓여 있는 자신을 발견한다. 사고 현장에는 입구의 빛은 보이지 않고, 출구의 빛은 너무나 작아서 눈으로 줄곧 그것을 찾고 있어도 사라져 버린다고 한탄한다. 그의 주위에는 온통 괴물들이 있고 개개인의 기분이나 놀라움에 따라 매료되거나 피로해지는 만화경과 같은 놀이가 있을 뿐이었다. 카프카에게 처한 상황은 이뿐만이 아니다. 자신을 평

---

6) 같은 책, 631쪽.

생 따라다닌 치명적인 폐결핵은 그를 또다시 삶의 끝으로 몰아넣었다. 그러나 그는 절망하지 않고 삶의 한가운데서 자신이 만들어낸 시선으로 자신의 삶을 냉철하게 들여다보면서도 단 하나의 출구를 찾았다. 엿보듯 기다리면서, 소심하게. 대답이 질문을 살그머니 감싸기만을 기대하면서, 가까이 접근할 수 없는, 그 질문의 진면목을 절망적으로 찾았다. 원숭이 페터가 지나간 시간의 쓰레기통 속을 뒤적거리고 과거에만 머무르려고 하는 공허한 질문들을 벗어버리고 완전히 출구를 찾아 인간을 모방한 것처럼, 카프카는 두 발을 높이 쳐든다.

> 작은 영혼이여
> 그대는
> 춤추며 뛰어 오르고
> 따스한 공기 속에 머리를 드리우고
> 바람에 부드럽게 흔들리는
> 반짝이는 풀밭에서 두 발을 쳐드는구나.[7]

원숭이 페터와 카프카는 '모방'하는 것에서 그친 것이 아니다. 인간이든 동물이든 목적은 하나의 출구를 찾는 것이었지만, 그 출구는 또 다른 생성(-되기)을 위한 것이다. 카

---

7) 카프카, 『꿈 같은 삶의 기록―잠언과 미완성 작품집』, 솔출판사, 156쪽.

프카는 단 하나의 출구를 위해 궤짝벽에 몸을 밀착시킨 채 팔을 쳐들고 가만히 서 있지만은 않는다. "제가 살기를 원한다면 어떤 탈출구를 찾아내야만 한다는 것, 하지만 이 탈출구는 도주를 통해서 얻을 수 있는 것은 아니라는 것을 적어도 느끼고는"[8] 있었기에 침착하게 관찰하며 출구를 찾는다. 그것이 비록 뒷걸음질 치더라도 가파른 비탈을 기어오르는 있으므로 절망할 필요 없이 머리를 쳐든다. "익사하지 않도록 가능한 한 머리를 높이 쳐들고 있는 것, 단지 그것이 문제다. 그것이 얼마나 어려운 일인지, 그것이 어떤 힘들을 나한테서 뺏어가야만 하는지는."[9]

카프카에게 글을 쓸 능력이 없다는 것은 무능함과 관련된 것이었다. 그러나 무능함의 이유는 알지 못하면서, 이해하고 믿고 있었다. 그 모든 것들은 '생성(-되기)'이기에 중간에서 시작됐다. "모든 것들은 뿌리에서부터가 아니라 중간 어딘가에서 비로소 생각나는 것이다. 누군가가 그때 그것을 붙들려고 시도하든지, 누군가가 풀 한 포기를 그리고 거기에다 자신을 붙들려고 시도하든지 간에 그것을 줄기 중간에서 비로소 자라기 시작한 풀이다."[10] 들뢰즈/가타리에

---

8) 같은 책, 347쪽.
9) 카프카, 『카프카의 일기』, 솔출판사, 111쪽.
10) 같은 책, 15쪽.

의하면 중간은 사물들이 속도를 내는 장소이다. 사물들 사이는 하나에서 다른 하나로 가거나 그 반대로 가는 위치를 정할 수 있는 관계가 아니다. 그것은 하나와 다른 하나를 휩쓸어 가는 수직 방향 횡단 운동을 가리킨다. 그것은 출발점도 끝도 없는 시냇물이며, 양쪽 둑을 갉아내고 중간에서 속도를 낸다.[11] 사람들이 혜성을 향해 망원경을 겨냥하듯이 카프카는 매일 적어도 한 줄씩 자신을 향해 겨냥한다. 사물들 사이를 움직이고, 그리고의 논리를 세우고, 존재론을 뒤집고, 기초를 부숴버리고, 시작과 끝을 무화시키는 법을 알고 있다. 그리고 문장 앞에 나타난다.

> 내가 언젠가 저 문장 앞에 나타날 거라면, 그 문장의 유혹에 이끌린 것이다. 예를 들면, 지난번 크리스마스 때 그랬던 것처럼, 그리고 내 마음을 단지 제대로 가다듬을 수 있을 정도로 준비된 곳에서, 그리고 내가 사다리의 마지막 계단에 나타났던 곳에서, 그 문장의 유혹에 끌려서 나타날 것이다. …(중략)…[12] 문장 안에서 단어들이 바뀌듯이 내 안에서 추위와 열기가 뒤바뀌고 멜로디에 따라 올라갔다가 내려오는 꿈을 꾸며, 괴테의 문장들을 읽을 때도 온몸으로 그 강세들을 표현하려는 듯이 읽고 있다.[13]

---

11) 들뢰즈/가타리, 『천 개의 고원』, 새물결, 55쪽.
12) 카프카, 『카프카의 일기』, 솔출판사, 15-16쪽.
13) 같은 책, 307쪽.

카프카는 나약한 자신을 발견했지만 거기에 굴복하지 않고 병마와 싸웠으며, 이길 수 없었기에 타협했다. 자신이 붙들고 놓아주지 않으면 병은 자신을 더 갉아먹을 테니까 적당히 타협하면서 그 현실의 슬픔 속에서 기쁨으로 대체될 수 있는 글쓰기라는 목표를 향해 걸어갔다. 자크 라캉은 증상을 제거하기보다 자신에게 온 증상을 이용하라고 했다. 증상을 이용하라고 한 것은 증상의 힘을 이용하는 것이다. 증상의 힘을 통해 자신을 사로잡는 대타자의 지배와 그로부터 파생되는 환상의 고착을 횡단하고, 그런 다음 욕망의 구조에 변화를 가져올 수 있도록 해야 한다. 아무리 커다란 패배라도 친숙한 어떤 것처럼 받아들이고 그 안에서 유연하게 머물며 카프카는 일기를 쓰고 소설을 쓰고 편지를 쓰면서 그 속에서 살아있는 자신을 발견한다.

> 나의 능력은 전체적으로 지극히 사소하기 때문에 그것들을 전부 합해야만 글쓰기라는 목표를 향해 반이라도 기여할 수 있기 때문이다.14) …(중략)… 나는 바로 지금처럼 때때로 내 안에 갖고 있는 행복이란 느낌을 기꺼이 설명하고 싶다. 그것은 실제로 거품이 이는 어떤 것이다. 이것은 기분 좋게 어깨를 가볍게 으쓱이는 것으로도 나를 완전히 채워주고 또 내게 능력이 있다고 믿게 한다.15)

---

14) 같은 책, 277쪽.
15) 같은 책, 109쪽.

낭독하기도 카프카에게는 출구였다. "내 마음을 지배하는 것은 낭독을 통해 뭔가 중요한 일을 해내겠다는 확신이라기보다는 오히려 지금 낭독하고 있는 좋은 작품들 속으로 나 자신이 더 가까이 다가서고 싶은 동경, 그래서 내가 그것들과 하나가 되고, 그것들과 더불어 용해되고 싶은 마음이다."16) 카프카는 글쓰기에는 시간이 너무 늦어버리거나 글쓰기가 힘들 때 낭독했다. 특히 누이들 앞에서 낭독하기를 좋아했다. 비록 그것이 허영심에서 비롯된 것이라고 고백하지만 글을 쓸 수 없을 때 낭독하기로 자신을 위로한 것이 아닐까 싶다.

카프카가 자기 방 안에서 한 것, 그것은 글쓰기였다. 그는 글쓰기를 통해 출구를 찾는다. 그러나 그 출구는 처음엔 쉬웠는데 폭군이 자신을 응시하고 있었기에 출구가 없어져버렸다고 고백한다. 그래서 다시 그 출구를 향해 걸어가야 했다. 작품을 쓸 수 없을 때는 일기를 쓰면서 자신의 또 다른 자아와 대화하면서, 뜻이 통하는 지인들과 편지를 쓰면서 감정의 폭을 넓혀나갔다. 그것이 카프카에게는 고통을 치워놓고 후회 없이 삶을 사는 것이었고 존재이유였다. 카프카는 문학을 통해 기존의 관습, 규범적 틀을 벗어나 출구를 찾는 것이며, 문턱을 넘어 '-되기'에 이른다. 카프카는

---

16) 같은 책, 281쪽.

자신 스스로 얼어붙은 바다를 깨는 도끼가 되어 글을 쓰며 자신을 불태웠던 것이다.

임영매

카프카에게 글쓰기가 '생존을 위한 투쟁'이었던 것처럼
출구가 없는 미로에서 인간은
모두 자신의 생존을 위한 투쟁을 하고 있는지도 모른다.

출구가 없는 미로

"저 위의, K가 오늘 중 닿았으면 하고 바랐던 성은 이상하게도 벌써 어둑해져 다시 멀어지고 있었다."[1]

카프카를 만나러 가는 길은 순탄치 않다. 한치 앞도 가늠할 수 없는 캄캄한 어둠 속에서 길을 잃고 헤매기가 일쑤이고, 겨우 벗어났다 싶으면 수많은 계단과 복도, 그리고 방들이 미로처럼 이어져 있어 또 다시 길을 잃고 헤매게 된다. 꿈인지 현실인지 가늠되지 않는 사건과 상황들은 나를 더욱 당혹케 하고, 꿈인가 싶으면 현실이고 현실인가 싶으면 여전히 꿈속인 듯한 혼란스러운 기분으로 길을 잃을 때가 한두 번이 아니다. 복잡한 미로 속에서 출구를 찾듯 카프카의 언어에서 고군분투하는 나를 보게 된다.

---

[1] 카프카, 『성』, 솔출판사, 25쪽.

카프카의 소설은 마치 꿈속처럼 혼란스럽다. 주인공들은 모두 길을 잃거나 답답한 상황들로 가로막혀 있어 앞으로 나아가기도 힘들다. 『성』의 K는 성에 고용된 측량사지만 성에는 가지 못하고 마을을 헤매 다닌다. 그는 성과 마을 사람들로부터 이방인으로 철저히 차단되어 결코 성에는 닿지 못한다. 『소송』의 요제프 K는 죄명도 모른 채 체포되어 무죄를 증명하기 위해 뛰어다니지만 모든 시도가 실패한다. 결국 그는 법의 미로 속으로 빠져 들며 '개처럼' 처형된다. 끝내 죄목조차 알 수 없는 허망한 죽음만이 남는다. 『실종자』의 카알은 부모로부터 미국으로 추방되고, 미국에서는 친지로부터, 공동사회로부터 계속 추방을 당하면서 사회의 가장 밑바닥으로 몰락한다. 결국 추방의 연속에서 카알은 자신의 존재를 상실하고 만다. 이들은 모두 공동사회에 진입하기 위해 부단히 노력하지만 결코 도달하지 못하고 실패한다.

『성』, 『소송』, 『실종자』는 카프카의 고독의 3부작으로 불린다. 주인공들은 모두 공동사회에서 소외되고 고립되어 추방당하는 인물들이다. 이들에게 출구는 보이지 않는다. 또 다른 문과 복도가 이어진 낯선 길이 계속될 뿐이다. 마치 꿈속에서 미로를 헤매듯 그들이 처한 상황은 악몽이고 미로다. 그들은 모두 출구를 찾지 못한 채 미로 속에서만 헤매다

죽거나 사라진다. 그래서 카프카의 미로는 마치 '블랙홀'같다. 강한 중력에 의해 어떤 것도 빠져나올 수 없다는 블랙홀처럼 카프카의 인물들은 아무리 애써도 빠져나올 수 없는 블랙홀 속에 빨려 들어가 있다. 꿈에서 깨어나려고 애써도 빠져나오기 힘든 것처럼 그들은 결코 출구를 찾을 수도, 출구에 닿을 수도 없다. 빠져나올 수 없는 강력한 블랙홀 속에서 그저 고군분투할 뿐이다.

카프카의 미로가 상징하는 것은 무엇일까? 미로에는 크게 세 가지 형태가 있다. 고전적 미로, 근대적 미로, 그리고 탈근대적 미로라고 할 수 있다. 입구와 출구가 하나인 '고전적 미로'는 길을 따라 계속 걸으면 언젠가 중심에 도달했다가 다시 밖으로 빠져나오게 된다. '근대적 미로'는 입구와 출구가 따로 존재해서 갈림길에서 길을 선택하도록 강요받는다. 길을 잘못 택해 막다른 골목에 닿기도 하고, 때로는 먼 길을 걸어서 다시 제 자리로 돌아오기도 한다. 그리고 '탈근대적 미로'는 입구도 없고, 출구도 없다. 따라서 입구와 출구를 잇는 유일한 해법이라는 것도 없다. 여기서 하나의 길은 다른 것들과 교차하고, 그 길들은 다시 또 다른 것들과 어지럽게 교차한다. 이렇게 사방으로 무한히 확산되는 미로. 식물뿌리처럼 얽혀있는 이 리좀(rhizome)형 미로에는 안도 없고, 밖도 없다. 따라서 미로 밖으로 빠져나갈 수

도 없다.[2)]

고전적 미로와 근대적 미로가 밖으로 빠져나올 수 있는 반면, 탈근대적 미로는 미로 밖으로 빠져나갈 수가 없다는 점이다. 안도 없고 밖도 없고, 입구도 없고 출구도 없는 세계. 탈근대적 미로는 바로 우리가 사는 이 세계가 미로라는 것이다.

카프카의 미로는 출구가 없다. 출구가 없으니 빠져 나갈 수도 없는 탈근대적 미로다. 카프카 소설의 주인공들이 출구를 향해 나아가지만 결코 출구를 찾지 못한 것처럼, 우리가 사는 이 세계가 끝없는 미로라는 사실을 모른 채 그 속에서 방황하는 너와 내가 있을 뿐이다. 카프카의 인물들은 출구가 없는 부조리한 세계에서 고군분투하는 인간이고, 꿈보다 더 악몽인 현실의 우리 모습이기도 하다. 우린 출구가 없는 미로의 세계에 있다. 결코 빠져 나갈 수 없는 블랙홀의 세계.

출구가 없는 미로는 실패할 수밖에 없는 삶이다. 끊임없이 뭔가를 갈구하고 꿈꾸지만 결국 거대한 미로에서 평생 헤매다 허망하게 죽게 되는 삶. 카프카의 인물들처럼. 어떤 미로를 헤매는지도 모른 채, 우리는 그저 출구를 찾을 뿐이

---

2) 진중권, 『놀이와 예술, 그리고 상상력』, 휴머니스트, 2005, 302-308쪽.

다.

『학술원에 드리는 보고』에서 총을 맞고 포획된 원숭이는 출구 없는 쇠창살에 갇히며 오로지 탈출만을 꿈꾼다. "저에게는 출구가 없었습니다. 그렇지만 저는 그것을 마련해야만 했습니다. 왜냐하면 그것 없이는 살 수가 없었기 때문입니다."3) 철창에 갇힌 피터에게 가장 큰 고통은 출구가 없는 현실이었다. 그래서 원숭이로 사는 것을 포기하고 사람이 되기로 결심한다. 출구만을 찾는 피터에게 쇠창살 밖을 자유롭게 돌아다니는 건 사람밖에 없다는 걸 알았기 때문이다. "저는 자유를 원치 않았습니다. 단지 하나의 출구만을 원했습니다. 왼쪽이든 오른쪽이든 어디든 관계없이. 저는 그 밖의 다른 요구는 하지 않았습니다. 그 출구가 하나의 착각일지라도 말입니다."4) 황금 해안에서의 원숭이는 많은 출구를 가지고 있었지만 쇠창살에 갇힌 원숭이에게는 출구가 하나도 없었다. 출구가 없는 피터에겐 오로지 출구만이 자신이 살 수 있는 이유였다. 출구 외에는 그 어떤 것도 의미가 없었고, 출구만 찾을 수 있다면 뭐든 상관없었다. 그는 출구를 찾기 위해 인간을 모방하고 인간의 언어를 익히며 원숭이의 본성을 버리면서 결국 유럽인의 평균교양에 도

---

3) 카프카, 『변신 단편전집』, 솔출판사, 260쪽.
4) 같은책, 261쪽.

달한다.

원숭이의 본성을 버리고 진화를 거쳐 인간 공동체 속으로 들어간 한 피터는 인간일까? 원숭이일까? 하나의 출구만을 원했던 피터. 하지만 출구를 찾은 피터는 훈련을 받고 있는 여자 친구의 눈에서 조련된 동물의 착란 증세를 고통스럽게 바라보아야만 했다. 무엇이 과연 출구인가? 카프카는 '완벽한 출구는 없음'을 피터를 통해 보여주고 있는 것이 아닐까.

길을 잃으면 출구를 찾듯이, 미로의 삶은 출구를 찾아가는 과정이다. 미로의 세계에서 살아가기 위해서 끊임없이 출구를 향해 갈 수밖에 없는 삶. 단지 출구가 없는 미로에서는 출구에 결코 도달하지 못하기 때문에 출구에 대한 갈망이 끊임없이 생길 수밖에 없는 것이다.

카프카에게 출구는 글쓰기였다. 그는 출구에 대한 갈망을 끊임없이 했다. "무슨 일이 있어도 나는 무조건 글을 쓸 것이다. 그것은 나를 유지하기 위한 생존을 위한 투쟁이다."[5] 글쓰기가 바로 그의 운명이며 실존이고 삶 자체였던 카프카. 글쓰기는 그의 절망적인 현실에서, 고통스러운 아버지에게서, 죽음의 공포에서 벗어날 수 있는 자신만의 출구였고 해방구였다. 결혼과 직업, 그리고 글쓰기 사이에서

---

5) 카프카, 『카프카의 일기』, 솔출판사, 447쪽.

끊임없이 갈등했던 카프카는 그럴수록 자신의 불안과 고통에서 이겨내기 위해 더더욱 글쓰기에 매달릴 수밖에 없었다. "끔찍하리만큼 불안한 나의 내적 존재."6)라고 말했던 카프카에겐 글쓰기만이 자신의 삶에 유일한 출구였다.

그는 약혼녀였던 펠리체의 아버지에게 보내는 편지에서 "제게 일자리는 저 자신의 유일한 갈망이자 유일한 직업인 문학과 모순되기 때문에 견뎌내기가 힘이 듭니다. 저는 문학 외에 다른 그 무엇도 아니며, 다른 그 무엇일 수도 없으며, 다른 무엇이기를 원하지도 않습니다. …(중략)… 제 직장이 저를 변화시킬 수 없듯이, 결혼 생활도 저를 변화시킬 수 없습니다."7)라고 고백한다. 문학 외엔 그 무엇도 그의 삶에 절실하지 않았던 카프카의 솔직한 심경이 그대로 묻어나는 대목이다.

카프카의 일기에서 보이는 불안, 절망, 두통, 불면증, 두려움 등으로 인한 숱한 나날들이 대부분 자신의 글쓰기와 관련되어 있다. 그 가운데 어느 날은 '아무것도 없음', '무無'라는 글자도 빈번히 발견된다. 한 글자라도 쓰지 않고는 자신 안에 내재된 불안을 잠재울 수 없었던 그의 기나긴 밤을 느낀다. 마치 카프카의 수많은 고뇌와 공허한 마음이 이 한

---

6) 같은 책, 460쪽.
7) 같은 책, 476-477쪽.

글자 속에 다 들어있는 것만 같다. 결코 도달할 수 없는 출구처럼, 영원히 벗어날 수 없는 그의 불안과 고통을 들여다보는 것 같다. "나는 많은 시간을 혼자서 지내지 않으면 안 된다. 내가 해낸 일들은 고독의 성과물에 다름 아니다."[8] 자신이 일기에도 썼듯이 카프카의 문학은 '고독의 성과물'이다.

미로에 빠진 그에게 정신적 위안이었던 연인 밀레나는 '카프카에 대한 애도사'에서 카프카의 문학에 대해 이렇게 말한다. "전 세계에 걸쳐 오늘의 세대가 치러내야 하는 투쟁들이 그 작품들 속에 담겨 있다. …(중략)… 그 작품들은 진실하고, 적나라하고, 고통스럽다."[9] 부조리의 세계와 존재의 불안을 날카롭게 통찰하고 있는 카프카의 글은 100여 년이 지난 우리에게도 여전히 삶에서 치러내야 할 투쟁이고 고뇌다. 끝없는 불안과 절망의 미로 속에 출구에 대한 갈망을 놓지 못했던 카프카. 카프카에게 글쓰기가 '생존을 위한 투쟁'이었던 것처럼, 출구가 없는 미로에서 우리는 모두 존재의 불안을 안고 자신의 생존을 위한 투쟁을 하고 있는지도 모른다. 거대한 미로에서 살아가기 위해서.

검은 양복을 입고 흰 셔츠에 줄무늬 넥타이를 한 카프카

---

8) 같은 책, 468쪽.
9) 카프카, 『밀레나에게 쓴 편지』, 솔출판사, 437쪽.

를 본다. 머리를 단정히 정리해 뒤로 넘긴 그의 얼굴은 날렵한 코와 날렵한 귀로 인해 더 말라보이고, 굳게 다문 얇은 입술에 깊고 뚜렷한 눈매에선 어딘가 쓸쓸하고 고독한 이미지가 엿보인다. 카프카의 마지막 사진이라는, 빛바랜 흑백 사진 속의 남자는 그렇게 쓸쓸한 눈동자로 우리를 보고 있다. 그래서인지 카프카의 고뇌의 시간들이 이 사진 한 장에서 느껴지기도 한다. 마흔한 살의 나이로 요절한 카프카, 그토록 갈구했던 출구를 그는 보았을까?

카프카의 고뇌가 이제 우리의 고뇌가 된다. 우리는 빠져나갈 수 없는 거대한 미로에 서 있다. 우리가 사는 세계, 그리고 카프카의 세계에.

사라짐의 운명
―카프카 『실종자』

    19세기 프랑스 낭만주의 화가 들라크루아가 그린 〈민중을 이끄는 자유의 여신〉은 1830년, 왕정복고에 반대하여 봉기한 시민들이 3일간의 시가전 끝에 샤를 10세를 끌어내리고 루이 필리프를 국왕으로 맞이한 7월혁명을 주제로 한 작품이다. 그림의 중앙에는 총칼을 든 시민들 사이로 한 손에는 총칼을, 또 한 손에는 삼색기를 높이 치켜든 여신이 있다. 가슴을 반쯤 드러내고 봉기한 시민군을 이끄는 여신의 모습은 신고전주의가 찬미하던 고대 그리스와 로마의 여신이 아니라 알레고리로 표현된 현실 속 여인의 모습이다. 현실 인식을 생생히 드러낸 이 작품에서 혁명의 상징인 삼색기를 치켜든 여신의 모습은 자유의 상징 그 자체를 드러내고 있다.

    들라크루아가 그린 '자유의 여신'의 포즈는 뉴욕을 상징하는 '자유의 여신상'의 모티브가 되었다. 오른손을 치켜 올려 '자유를 상징'하는 횃불을 들고 있는 거대한 여신상은 미국 독립 100주년을 기념하여 프랑스가 기증한 것이다. 카프카의 『실종자』에서는 들라크루아의 〈민중을 이끄는 자유의 여신〉이 떠올려지는 미국의 '자유의 여신상'이 등장한다. 다만 자유의 여신은 횃불이 아닌 '칼'을 치켜 든 모습으로 등장한다. 횃불 대신 칼을 든 여신이 의미하는 것은 무엇일까?

카프카 문학이 수수께끼들로 가득하듯이 횃불이 아닌 '칼'이 상징하는 것은 이 작품 전체를 아우르는 알레고리이기도 하다. 독자는 이를 통해 카프카가 미국이란 세계를 어떤 시선으로 보고 있는지를 짐작할 수 있게 한다.

『실종자』는 부모로부터 고향인 유럽에서 미국으로 보내진, 카알 로스만이라는 열일곱 살 청년에 관한 이야기이다. 카알은 하녀의 유혹에 빠져 아이를 갖게 한 이유로 부모에 의해 미국으로 추방됐다. 한 때 제목이 『실종자』가 아니라 『아메리카』로 출간되었듯이 소설의 배경은 미국이다. 비록 자의로 선택한 미국행은 아니었지만 '아메리칸 드림'을 안고 뉴욕 항구로 들어오는 이민자들이 가장 먼저 보게 되는 것처럼, 소설은 카알이 뉴욕 항에 도착하며 자유의 여신상을 보는 장면으로 시작된다.

하지만 카알의 뉴욕 입성에서 독자는 그의 앞길이 결코 밝지 않을 거라는 예감을 소설의 도입부에서 발견할 수 있다. 카알이 뉴욕항에 도착하며 배 위에서 본 미국의 첫인상은 자유의 여신상이었다. 그런데 순간 강렬해진 햇빛 때문이었는지 그의 눈에 비친 자유의 여신은 횃불 대신 '칼'을 치켜든 모습이었다. 이민자로서 카알의 운명을 예견이라도 하듯, 칼을 든 여신의 모습은 미국이라는 신세계가 그에게 결코 희망과 자유의 세계가 아님을 우리에게 암시한다. 그래서인지 카알은 미국 땅을 밟기도 전에 배에서 우산을 잃고, 우산을 찾으려다 트렁크마저 잃고, 결국 길까지 잃어버리고 헤맨다.

> "그는 무수히 많은 작은 방들, 꾸불꾸불한 복도들, 계속해서 이어지는 짧은 계단들을 지나 책상 하나가 쓸쓸히 놓여있는 빈방을 가로지르면서 길을 애써 찾아나가야만 했다. 이 길은 한 두 번 밖에 가본 적이 없으며, 그것도 무리를 지어 다녔기 때문에 그는 마침내 완전히 길을 잃고 말았다."[10]

길을 잃고 선실 사이를 헤매다 만난 화부가 부당한 대우를 받고 있음을 들은 카알은 그에게 선장을 만나 정당한 권리를 요구하라고 충고한다. 이 과정에서 카알은 30여 년 전

---

10) 카프카, 『실종자』, 솔출판사, 9-10쪽.

미국에 와서 성공한 외삼촌을 우연히 만나게 되고, 상원의
원인 외삼촌은 그를 자기 집으로 데리고 간다. 교육에 엄격
한 외삼촌은 카알에게 영어, 피아노, 승마 등 상류사회의
교육을 받게 하며 카알이 하루 빨리 미국사회의 일원이 되
길 원한다. 하지만 순탄할 것만 같았던 카알의 삶은 사소한
실수로 몰락의 길을 걷게 된다. 어느 날, 카알은 외삼촌의
만류에도 불구하고 외삼촌의 지인인 플룬더 씨의 초청에 응
하게 되면서 부모에게 추방당한 것과 같이 외삼촌에게도 똑
같이 추방당한다. "나는 철저한 원칙주의자란다. …(중략)…
오늘날 내가 존재하는 것은 모두 그 원칙 덕분이며 아무도
나에게 나 자신을 부정하도록 요구해서는 안 되지. 아무도
그렇게 해서는 안 돼."[11] 미국사회의 능률주의와 원칙을 중
시하는 외삼촌의 뜻을 경솔하게 여긴 카알은 외삼촌에게서
'재판관'의 선고를 받듯이 편지 한 통을 받고 쫓겨난다.

> "나는 오늘의 사건 후에 너를 무조건 내 집에서 추방하지 않을
> 수 없구나. 그리고 네가 직접 나를 찾아오거나 편지나 중개인을 통해
> 나와 연락하지 않기를 간절히 바란다. 너는 내 뜻을 어기고 오늘밤
> 내 곁을 떠날 결심을 했지. 그러니 네 일생 동안 너의 결심대로 하도록
> 해라."[12]

---

11) 같은 책, 97쪽.
12) 같은 책, 같은 쪽.

자신의 집에서 추방시키는 외삼촌의 모습에선 그 어떤 변명의 여지도 주지 않는다. 추방 외엔 어떤 이유도, 선처도 필요 없는 일방적 통보, 명령만 있을 뿐이다. 고향에서 아버지에게 일방적으로 추방된 것과 같이 외삼촌에게도 일방적으로 추방된다. 아버지와 외삼촌에 이어 카알에게 명령과 추방을 결정하고 억압하는 인물들은 계속적으로 등장한다. 그들의 원칙에서 벗어나는 행위는 카알에겐 곧 추방으로 이어진다.

   외삼촌에게서 쫓겨난 카알은 거주할 곳도, 갈 곳도 없는 신세가 된다. 길거리를 방황하다 우연히 옥시덴탈 호텔의 엘리베이터 보이로 취직하게 되지만 운명은 그의 뜻대로 되지 않는다. 외삼촌에게 쫓겨난 후 여관에 투숙하여 알게 된 로빈슨이 어느 날 만취한 상태로 그에게 찾아온 것이다. 난감해진 카알은 그를 공동침실에 데리고 가느라 잠시 근무지를 이탈하게 되는데 그 일로 즉시 해고 통보를 받는다. 매일 열 두 시간씩 일하며 충실히 업무에 임했지만 규율을 어겼다는 이유만으로 그곳에서도 또다시 추방된다. 규율을 지키지 않은 카알에겐 어떤 진실도 어떤 변명도 허용되지 않는다. 그저 불성실하고 부도덕한 인물로 치부된다.

   자신의 의지와 상관없이 계속 추방되는 신세가 된 카알은 로빈슨과 함께 들라마르쉬와 브루넬다가 동거하는 집으로 가게 되고, 로빈슨과 들라마르쉬의 계략대로 옛 여가수인 브루넬다의 하인으로 전락하며 구금된다. 카알은 탈출을 시도하지만 실패하고 결국 자의반 타의반 하인의 역할에 충실하며 순응하기에 이른다.

> "카알은 그들을 만족시키기 위해서는 항상 음식을 가능한 한 많이 가져와야 한다는 것을 알게 되었다. 아직 먹을 수 있는 음식들을 부엌 바닥에 그냥 놓아두고 왔다는 것을 회상하면서 그는 "모든 것이 어떻게 준비되는지 처음이라 몰랐어요. 다음번에는 더 잘하겠어요."라고 말했다. 하지만 이야기하는 동안 그는 누구에게 말하고 있는지 생각했다. 그는 일 자체에 너무 사로잡혀 있었다. 브루넬다는 만족하여 들라마르쉬에게 고개를 끄덕였고 카알에게 그 대가로 한 줌의 비스킷을 건네주었다."[13]

아버지에 이어 외삼촌에게서 그리고 공동사회에서, 가는 곳마다 계속 추방당한 카알은 그 사회에서 가장 밑바닥으로 몰락한다. 하지만 공동사회에서 배제된 인간들 속에서도 힘과 권력을 쥔 인물은 등장하고 카알을 지배하며 명령하고 억압한다. 카알은 힘과 권력이 자본에서 나오며, 자본의 체계와 보이지 않는 위계질서가 작동하는 거대한 세계에서 완전히 길을 잃는다. 인간 공동체에서 소외되고, 고립되고, 끊임없이 추방되면서 결국 카알의 주체성은 상실된다.

---

13) 같은 책, 287쪽.

『실종자』는 미완성 소설이다. 소설에서 카알의 행적은 이후 오클라호마 극장에 면접을 보고 기차에 몸을 싣고 떠나는 것에서 끝이 난다. 카알의 운명은 이제 어떻게 되는 걸까?

이 소설은 고향에서 미국으로 추방된 한 소년의 몰락과정을 보여준다. 신세계였던 미국은 유럽 이민자인 카알에겐 희망과 자유의 세계라기보다 거대한 미지의 세계였고, 카알은 영원히 그 사회에 흡수되지 못하는 이방인일 뿐이었다. 거주할 곳도 정착할 곳도 없는 그곳에서 카알은 마치 버려진 존재처럼 계속해서 추방되면서 결국 미국이라는 거대한 세계에서 사라지는 운명을 맞게 될 것이다.

소설의 마지막 장인 오클라하마의 극장에서 일자리 광고를 보고 찾아간 카알은 그 곳에서 자신의 이름을 "니그로"라고 말한다. 고향을 상실하고, 자아를 상실한 카알은 자신의 정체성마저 상실하면서 미국이라는 거대한 사회에서 완전히 실종자가 되고 만 것이다. 추방의 연속에서 자신의 존재마저 상실하게 된 카알은 미지의 세계에서, 자신을 아무도 모르는 거대한 사회에서 한낱 부품처럼, 익명 속으로 사라지게 된다.

"카알은 이제야 비로소 미국의 크기를 알게 되었다."[14]

미대륙을 달리는 기차에서 카알은 비로소 거대한 미국의 크기를 보게 된다. 카프카가 미국이라는 세계를 어떤 시선으로 보고 있는지를 짐작할 수 있게 하는 대목이다. 자유를 상징하는 횃불 대신 '칼'을 든 여신이 있는 그곳, 거대한 미국에서 자신을 지키기 위해서는 칼을 들 수밖에 없는 사회. 들라크루아가 그린 〈민중을 이끄는 자유의 여신〉에서 자유를 지키기 위해 총칼과 혁명의 상징인 삼색기를 치켜든 여신처럼, 힘과 권력과 자본으로 연결된 거대한 세계에서 자신을 지키기 위해서는 자유의 여신도 칼을 들 수밖에 없음을 보여준다. 미국이라는 신세계가 카알에겐 결코 이상적인 세계가 아니고 현실은 자유도 보장할 수 없는 거대한 미지의 세계임을 카프카는 '칼을 든 여신'을 통해 보여주고 있는 것이다.

카프카가 바라본 소설 속 '거대한 미국'은 현대사회를 대변하는 상징적 공간으로서 거대한 현실의 상징이라고 볼 수 있다. 자신의 안위도 보장할 수 없으며, 자신의 실존마저 보장되지 않는 세계. 우리가 사는 거대한 현실임을.

고향에서, 뿌리에서, 공동사회에서 계속 추방되는 카알의 모습 속에 카프카의 얼굴이 겹쳐 흔들린다. 체코의 프라하에서 태어났지만 체코 학교에는 다니지 않고 독일학교에

---

14) 같은 책, 329쪽.

다니고, 유태인 교회를 다닌 카프카는 체코인이자 독일인이며 유태인이기도 했다. 어디에도 소속감을 가지지 못한 이방인으로서 그가 느꼈을 혼란과 정체성에 대한 고민은 카알이라는 인물에 투영되어 고스란히 우리에게 전해진다. 카알은 고향인 유럽에서 부모에게 추방되고, 미국에서 만난 친지에게서도 추방되고, 직장에서도, 인간관계에서도 계속해서 추방되면서 결국 인간 공동사회에서 소외되고 배제되면서 미국이라는 미지의 세계에서 그 존재가 사라지는 운명에 처한다.

어느 곳에서도 정착하지 못하는 카알의 모습은 어디에도 소속되지 못하고 가족 안에서조차 철저한 이방인으로 살았던 카프카 자신이기도, 그리고 공동사회에서 소외와 고립 속에 매일매일 자신의 존재가 실종되는 경험을 하곤 하는 현대를 살아가는 우리 자신이기도, 또한 한 곳에 뿌리내리지 못하고 유랑하는 이 시대 디아스포라의 실체이기도 하다. 카알은 실존을 잃은 현대인의 우울한 초상이다.

그렇다면 거대한 이 세계에서 실종되지 않는 삶을 살 수는 없을까? 뉴욕행 배에서 부당한 대우를 받는 화부에게 카알이 말한다. "자신을 스스로 지켜야만 해요. '예'와 '아니오'를 분명히 말해야만 해요. 그렇지 않으면 사람들은 진실을 전혀 알지 못해요."[15] 하지만 여신마저 칼을 든 거대한 세계에서 카알의 말은 마치 자신을 향해 외치는 고독한 메아리처럼 애절하게 들린다.

그럼에도 카알이 다시 힘을 내 기차에 오르듯이, 우리는 그저 충실히, 최선을 다하며 이 삶을 잘 부여잡고 가는 수밖에 없는 것인지도…. 설령 거대한 사회의 늪에서 사라지는 운명일지라도.

---

15) 같은 책, 41쪽.

아버지의 초상

가끔 초등학생인 딸과 티격태격 장난치는 남편을 보며 아버지를 생각한다. 어린 시절의 아버지는 엄격한 분이셨다. 지금의 '딸 바보 아빠'와는 달리 자식에 대한 표현이 서툴렀던 아버지가 대부분이던 시절, 우리 아버지도 그랬다. 막내였던 내게 아버지는 거목으로서 엄격하고 어려운 분이었지만 우리에게 막말을 하시거나 함부로 대하지도 않으셨다. 자식들이 모두 순한 편이어서 그런 것도 있겠지만 아버지로서 큰 소리를 치시거나 매를 든 적이 없으셨다. 자식이 많은 집안의 가장으로서 엄격했지만 돌이켜보면 아버지는 자상한 분이었던 것 같다. 말로서 사랑한다는 표현은 없었지만 눈으로 가슴으로 느낄 수 있는 게 부모란 존재다.

내 유년을 돌아보면 아버지는 하루 종일 밖을 나가 일만 하셨다. 살림도 크고 논밭이며 어장일도 많다보니 자식들에게 세심한 아버지보다는 일만 하시는 존재로 보였다. 어머니 역시 아버지와 함께 일을 하셔서 어린 나는 오로지 부모님의 사랑을 바라는 건 무리였다. 그저 엄마 아버지가 일하시는 논과 밭을 찾아다니며 보내는 게 전부였다. 가끔 한밤중 잠결에 깨서 보면 아버지와 어머니는 그때까지도 일이 안 끝나서 눕지도 못하고 앉아서 일을 하고 계신 적이 많았다.

산더미 같은 일이 반복되는 일상이었지만 아버지는 겨울이 되면 눈썰매를 만들어주시거나, 따뜻했던 아래채 툇마루에 앉아 연을 만들어 주셨다. 연을 만들어 물감으로 그림을 그리시던 아버지의 모습이 지금도 생생한 기억으로 남아있다. 아버지는 가끔 바다에서 미역을 캐오면서 장어 몇 마리를 잡아오는 날이 있었다. 그럴 때면 아버지와 나는 세찬 겨울바람을 피해 바닷가 앞 담벼락 밑에서 짚불에 장어를 구워 먹기도 했다. 그 순간만큼은 나는 아버지와 모종의 비밀을 나누는 연대감 같은 걸 느끼기도 했다.

아버지는 내가 중학교 1학년 때 암으로 돌아가셨다. 자식들이 줄줄이 딸린 관계로, 병원이 아닌 집에서 진통제 알약에 의지하다 돌아가셨다. 어린 맘에 엄마가 더 애틋했던 나는 아버지의 부재를 잘 느끼지 못하고 자랐다. 성인이 되면서, 그리고 부모가 되면서 아버지의 존재가 자주 상기되었다. 남편과 딸이 함께 있는 풍경을 통해 그 시절 아버지를 회상한다. 아버지와 나는 어떤 그림이었을까?

아버지를 생각하면 한 평생 그저 일만하다 가신 것 같은 먹먹함이 철이 들면서 든 생각이다. 어려서인지 다정한 말을 나눈 기억은 없지만 내게 보이시던 미소와 내가 뭔가를 할 때 지켜보고 기다려주시던 아버지를 기억한다. 아버지는 그런 분이셨다. 내게 일찍 떠났지만 살면서 아버지의 존재가 내 삶에 많은 영향을 끼쳤음을 느낀다.

우리 딸에게 남편은 어떤 아버지로 기억될까? 아빠를 친구같이 생각하는 딸을 보면 가끔 부모 노릇을 잘하고 있는지 걱정이 될 때도 있다. 많은 대화를 하지 않아도 부모의 마음을 느꼈던 나처럼 우리 딸도 그러기를 바라는 건 욕심일까?

'아버지'라는 존재는 무엇일까? 많은 예술가들은 자신의 아버지에 대한 기억을 작품에서 모티브나 주제로 다루었다. 아버지와의 관계가 원만하지 못했던 호주 출신 작가인 론 뮤익은 실리콘, 수지, 인간의 모발로서 작고한 자신의 아버지를 〈죽은 아버지〉(1996~1997)라는 작품을 통해 실물처럼 사실적으로 재현하였다. 프랑스 출신인 루이스 부르주아는 아버지로 인해 불행하였던 가정환경이 그녀의 작품에 많은 영향을 끼쳤다. 그녀의 대표적인 작품인, 거대한 어미

거미를 형상화한 청동 조각상 〈마망(Maman)〉(1999)이 어머니를 향한 경의를 표한 작품이라면, 아버지에 대한 혐오를 드러내고 있는 〈아버지의 파괴〉(1974)는 어린 시절 겪은 아버지의 외도에 대한 상처와 불완전한 가정환경에서 비롯된 작품이다. 한국의 이종구 작가는 가난한 소작농이었던 농부로서의 아버지 얼굴을 아버지의 삶과 함께 했던 양곡부대와 비료부대에 그려 넣었다〈연혁-아버지〉(1984). 아버지란 존재는 개개인의 삶을 통해 각기 다른 기억 속에서 작품의 모티브가 되어 다른 모습으로 형상화된다.

체코의 작가 프란츠 카프카는 자신의 인생에서 많은 영향을 미쳤던 아버지에게 장문의 편지를 썼다. 1919년에 카프카가 쓴 〈아버지에게 보내는 편지〉는 일반적인 편지라고 할 수 없을 만큼 방대한 분량의 편지다. 45쪽 분량의 편지에서 카프카는 어린 시절부터 결혼 문제에 이르기까지 아버지와의 갈등문제를 하나하나 짚어가며, 자신을 괴롭힌 고통의 원인을 아버지에게 고백하고 있다. 아버지의 강압적인 교육방식과 아버지와의 관계에서 느꼈던 절망적 심경 등이 편지에서 조목조목 밝히고 있어 아버지로서는 무척 당혹스러울 수도 있는 편지였다. 그러나 한편으로 오래도록 자신을 괴롭혔던 존재에 대한 불안과 두려움이 어디서 왔는지를 스스로에게 묻고 있는 것이기도 해, 이 편지는 아버지에게 쓴 것이지만 자신을 향한 고백서 같은 글이기도 하다.

> 아버님께서 얼마 전에 저에게 이렇게 물으셨지요. 제가 아버님을 두려워하는 까닭이 무엇이냐고 말입니다. 늘 그래왔듯이 저는 아무런 대답도 드릴 수가 없었습니다. 한편으로는 제가 아버님을 두려워하기 때문이기도 하고, 또 다른 한편으로는 이렇듯 공포를 갖게 된 데는 사소한 사건들이 하도 많아서 일일이 다 말씀 드릴 수가 없기 때문입니다.[16]

아버지의 물음에 대한 답변 형식으로 시작되는 편지에서 카프카는 자신의 삶에서 아버지의 존재가 어떤 의미였는지 편지의 첫 문장에서 고백하고 있다. 자신의 삶에 평생 영향을 미쳤던 아버지는 그에게 두려움의 대상이었다. 그렇다고 카프카가 아버지에게 매를 맞은 적은 없었다. 유약하고 체구가 작았던 어린 카프카에게 강인하고 체구도 거인 같았던 아버지는 그에게 절대적인 존재였다. 그런 아버지에게서 매질보다 더한 공포는 아버지의 고함소리와 붉어진 얼굴, 바지 허리띠를 풀어버리거나 의자 등받이에 거는 행위들이었다. 그럴 때 카프카는 자신이 "마치 교수형이라도 집행당하는 꼴"[17]이었다고 말한다.

카프카에게 아버지는 그러한 분이었다. 어느 날 밤, 짜증

---

16) 카프카, 『꿈 같은 삶의 기록』, 솔출판사, 525쪽.
17) 같은 책, 548쪽.

부리며 떼를 쓴 어린 카프카에 화가 난 아버지는 내의 바람인 그를 침대에서 끌어내어 베란다로 쫓아내고는 문을 닫아 버렸다. 사소한 이 사건은 카프카에겐 오래도록 트라우마로 남았다. 그 일로 그는 순종적인 아이가 되었지만, 자신이 무가치한 존재라는 사실에 오랫동안 고통을 받았음을 아버지에게 고백한다. "그로부터 수년이 지난 후에도 거인인 아버님이, 즉 최종 심급인 아버지가 별 이유도 없이 나타나서는 한밤중에 저를 침대에서 끌어내어 낭하로 데려갈 수도 있다는 사실이, 그러니까 제가 아버님에게 그처럼 가치 없는 존재라는 사실이 고통스러운 상념이 되어 저를 괴롭혀왔던 것입니다."[18]

최종심급인 아버지의 모습은 어린 카프카에겐 두려움이자 공포의 존재로서 엄하고 징벌하는 지배자의 상징이었다. "아버님은 팔걸이의자에 앉아 세상을 통치하셨습니다. 아버님의 의견이 옳았고, 다른 모든 의견은 얼빠진 것이고, 터무니없고, 정신 나간 것이며, 상식을 벗어난 것이었습니다. 이럴 때 아버님의 자신감은 워낙 커서 일관성이 전혀 없음에도 옳다는 생각에는 변함이 없었습니다. 또한 아버님께서 어떤 사안에 대해서 전혀 의견을 가지고 있지 않아서 그 사안에 관한 일체의 의견들은 예외 없이 모두 거짓일 수밖

---

18) 같은 책, 531쪽.

에 없다고 하시기도 했습니다."[19] 카프카에게는 아버지의 이해할 수 없는 모순적인 기질이 "모든 폭군들이 갖고 있는 수수께끼"[20]처럼 느껴졌다.

카프카에게 각인된 아버지의 초상은 독선적이고 안하무인격이며 악의적인 인물이었다. 아버지는 자녀들뿐만 아니라 카프카의 친구, 고용인, 친척 등 누구를 막론하고 거침없는 욕설과 비난을 서슴없이 했으며 그들에게 해충, 짐승과 같이 비교하기도 했다. 아버지의 "수수께끼 같은 무죄성과 난공불락의 성격"[21]은 모든 교육방식에서 그러했다. 아버지 자신에게는 정당성을 부여하고 카프카에게는 어떠한 반항도 허용되지 않았다. 그런 아버지에게 카프카는 "저는 말하는 것을 잊어버렸습니다."라고 말한다. "말대꾸를 하지 말라는 아버님의 위협과 치켜든 손에 저는 언제인가부터 익숙해져 있었습니다."[22] 아버지의 위협과 경고는 결국 그에게 자신감을 상실하고 무한한 죄의식만 확대시켰다. 본연의 교육자로서 너무 강한 존재였던 아버지는 일평생 카프카에게 고통으로 다가왔다. 이런 아버지 밑에서 자란 카프카는 자신의 모든 삶의 부분에서 부정적으로 작용할 수밖에 없었

---

19) 같은 책, 534쪽.
20) 같은 책, 같은 쪽.
21) 같은 책, 542쪽.
22) 같은 책, 540쪽.

다.

강압적인 규율이 지배하는 아버지의 세계에 살고 있다고 생각한 카프카는 자신을 노예로서 비교하며, 이 세계는 오로지 자기에게만 적용된 이해할 수 없는 법칙의 세계이고, 명령과 복종으로부터 벗어나 행복하고 자유롭게 살고 있는 다른 사람들의 세계를 통해 자신이 늘 치욕 속에 살았음을 아버지에게 고백한다. 아버지는 그에게 선택할 수 있는 존재도 아니었고, 일체를 받아들여야만 하는 전부였기 때문이다. 만물의 척도였으며, 너무나 강력한 표준적인 인물이었기에 카프카는 아버지에 대해 늘 죄의식을 가지고 살 수 밖에 없었다.

이러한 아버지로부터 자신이 구원받을 수 있는 유일한 방법은 글쓰기였다. 하지만 자신의 실존 근거라는 글쓰기조차 아버지는 혐오감을 가졌다. 이에 카프카는 자신이 마치 "엉덩이를 발로 짓밟혀서 터진 상태로 옆으로 기어가는 벌레"[23]같은 심정이었다고 고백한다. 글 쓰는데 방해가 되지만 결혼은 아버지로부터 벗어날 수 있는 가장 희망에 찬 탈출의 시도였다. 하지만 연이은 결혼 실패는 아버지와의 관계가 더 악화될 뿐이었다.

유약하고 섬세한 카프카에게 이러한 아버지의 모습은 그

---

23) 같은 책, 570쪽.

의 작품 속에서, 아들에게 익사 형을 선고하거나(『선고』), 사과를 던져 치명상을 입혀 죽게 하거나(『변신』), 아들을 고향에서 추방시키는(『실종자』) 등 폭군과 권력자의 모습으로 그려진다. 이렇듯 모든 아버지의 초상은 아이에게 가슴 깊이 각인돼 누군가에게는 예술에서, 누군가에게는 문학에서 각기 다른 모습으로 남는다. 우린 어떤 부모의 모습으로 남게 될까?

최인호의 『산중일기』에서는 "자상한 아버지보다 엄격한 아버지 되기가 더 어렵다"는 내용이 있다. "엄격한 아버지가 되려면 우선 그 아버지는 무엇보다 자기 자신에게 엄격하지 않으면 안 된다. 일관된 가치관을 갖고 있으며, 보이지 않는 곳이라 할지라도 아버지로서 해서는 안 될 일을 절대로 하지 않을 때에만 엄격한 아버지가 될 자격이 있는 것이다"[24] 이는 아버지로서 뿐만 아니라 엄마에게도 마찬가지다. 엄마로서 나는, 부모로서 우리는 자신에게 얼마만큼 엄격하다고 할 수 있을까? 자신에겐 엄격하지 않으면서 아이에게 엄격한 부모가 되려는 모순에 빠져있는 건 아닐까? 아이가 커가면서 부모란 존재가 쉽지 않음을 느낀다. 부모는 누구나 될 수 있다. 하지만 좋은 부모가 되기는 쉽지 않

---

[24] 최인호, 『산중일기』, 랜덤하우스코리아, 2008, 131쪽.

은 것 같다. 좋은 부모란 뭘까?

아이가 유치원 다닐 때 부모님 참관수업이 있었다. 아이들이 돌아가면서 각자 부모님에 대해 한 개 내지 두 개의 단어로 소개하는 시간이 있었다. 아이들의 눈높이에서 보는 부모님은 어떤 이미지였을까? 평소 모자를 잘 쓰고 다니는 엄마를 본 우리 아이는 엄마의 이미지를 "모자와 공부"라고 말했다. 대부분의 아이들이 보는 엄마의 모습은 비슷했다. '화장', '옷', '요리', '가방', '책', '돈' 등 외적인 것에서 엄마의 이미지를 보았다. 그때 한 아이가 엄마의 이미지를 'TV'라고 말했다. 선생님이 이유를 묻자 아이는 엄마가 텔레비전을 많이 본다고 말했다. 모두들 웃고 있는 와중에 아이의 엄마가 순간 눈물을 쏟으며 소리 내서 울기 시작했다. 아이도 선생님도, 함께 있던 엄마들도 당황했다. 어린 아이의 눈높이에서 보는 엄마의 이미지였는데 울기까지야 하는 생각이 들었다. 우는 엄마의 심정이 이해가 안 된 건 아니었지만, 천진난만한 아이의 눈에 비쳐진 엄마의 이미지라 당시로서는 그렇게까지 우는 엄마가 조금 낯설었다.

〈아버지에게 보내는 편지〉에서 카프카는 말한다. "중요한 것은 아버님이 자식들에게 시켜야 한다는 그 어떤 교육이 아니라 오히려 하나의 본보기가 될 수 있는 생활이었습니다."[25] 아이에게 비쳐진 부모 모습이 단어 한 두 개로 규정지을 수 있을까마는, 그래도 단어로 규정되어 비쳐진 자신의 모습은 부모로서 꽤 충격적일 수도 있겠다는 생각이 든다. 그 모습이 아이에게 각인된 부모의 초상이기에.

텔레비전 프로에서 직장인인 한 남자의 인터뷰를 보게 되었다. 대기업 15곳에서 합격했다는 그 남자는 '직장의 신'으로 출연했다. 지방사립대학교에, 학점도, 토익점수도 그저 평범한 그 남자는 어려운 가정형편에 가족이 외식한번 한 적 없고, 일주일 내내 일했던 아버지로 인해 아버지와 그 흔한 목욕탕도 같이 간 추억이 없다고 했다. 그래서인지 어느 날 일하다 오신 아버지는 옷도 벗지 않은 상태에서 목욕탕 주인에게 양해를 구하고 안으로 들어가 아들의 때를 밀어주었다고 한다. 그 남자는 말한다. "열심히 사시는 모습을 우리한테 보여주셨고, 또한 그 열심히 사신 모습 가운데 충분히 행복함을 물려주셨고, 그런 부모님 밑에서 컸던 건 '제 인생 최고의 스펙'이었던 것 같습니다."

아들의 심정을 전해들을 수 있었던 그 남자의 아버지와 달리, 아버지에게 전하는 카프카의 편지는 끝내 아버지에게 전달되지 않았다. 아버지에게 '말하는 것을 잊어버렸다'고 고백한 카프카가 말로서는 차마 표현하지 못한 마음을 글로나마 옮겨야 했는지도 모른다. "글쓰기는 내면적 존재의 유

---

25) 카프카, 『꿈 같은 삶의 기록』, 솔출판사, 569쪽.

일한 가능성"[26]이라고 했던 카프카의 방식으로.

부모의 본보기보다 교육이 우선시되는 요즘, 아버지에게 닿지 못한 카프카의 편지는 오늘날 우리에게로 향한다. 이 세상 모든 아버지에게, 그리고 부모라는 이름을 가진 이들에게.

우리는 어떤 부모로 이 다음에 기억될까?

---

[26] 카프카, 『카프카의 편지』, 솔출판사, 434쪽.

정광모

삶의 지고함으로 문학을 대했던 카프카. 그는 도달할 수 없는 문학의 최고 경지에 자신의 의지와 열정으로 다다르고자 했던 이상주의자였다.

 그는 죽음의 순간까지 자신을 불태워 작품을 고치고 새 작품에 헌신하면서 우리에게 암초 지대를 뚫고 나갈 등대를 남겼다.

여신과 카프카

약혼녀 펠리체 바우어에게 보낸 카프카의 편지는 기이하다. 통상적인 연인 사이의 편지라고 볼 수 없는, 호소와 고백과 의심으로 차 있다. 카프카는 펠리체에게 결혼을 하면 잃을 손실을 경고한다.

> 펠리체, 우리의 결혼을 통해서 어떤 변화가 일어나고 각자가 무엇을 잃고 얻을지에 관해서 곰곰이 생각해보세요. 나는 끔찍스러운 고독을 잃고 그 누구보다도 사랑하는 그대를 얻을 것입니다. 반면에 그대는 거의 만족스러웠던 지금까지의 삶을 잃게 되겠지요. 베를린과 즐거웠던 사무실, 친구들, 소박한 오락, 건강하고 활달한 좋은 남자와 결혼해 바라마지않던 예쁘고 건강한 아기를 낳을 전망을 잃을 것입니다. 이처럼 상상하기 힘든 손실 대신에, 그대는 병약하고 비사회적이며 말이 없고 우울하며 경직되어 있을 뿐만 아니라 거의 희망이 없고 유일한 덕목이라고는 그대를 사랑한다는 것밖에 없는 남자를 얻을 것입니다.[1]

카프카는 펠리체에게 결혼이 가져올 비극을 경고하면서 한편으로는 그녀와의 결혼을 바란다.

> 그러나 인내심을 가지세요. 모든 것은 명확해질 거예요. F. 결혼을 하면 모든 것이 명백해질 것이며, 우리는 가장 의견이 일치하는 부부가 될 겁니다. 사랑하는 F. 우리는 이미 준비가 되어 있다고 믿습니다.[2]

카프카는 때로는 펠리체가 얼마나 자신에게 있어야 할 존재인지를 호소한다. 카프카의 글은 감동적이며 마음을 사로잡는 힘이 넘친다.

> 내가 할 수 있는 말은 제발 내 곁에 머물러달라는 것과 떠나지 말라는 것입니다. 만일 내게서 그 어떤 적의가 나와 그대에게 어제 오전 같은 그런 편지를 쓰더라도 믿지 마세요. 그 편지를 무시하고 내 마음을 보십시오. 삶은 정말 힘들고 슬픕니다. 어떻게 씌어진 글로만 누군가를 붙잡을 수 있겠습니까. 붙잡기 위해 손이 있습니다.[3]

때로 카프카는 펠리체와 헤어짐이 예정되어 있으며 필연적이라고 말한다.

---

1) 카프카, 『카프카의 편지』, 솔출판사, 532쪽.
2) 같은 책, 673쪽.
3) 같은 책, 110쪽.

우리가 헤어진다면 그대는 현재의 삶을 당분간 지속할 수 있을 겁니다. 그렇게 해야만 하고, 어쨌든 그렇게 할 겁니다. 내 생활 방식으로 볼 때 나는 그럴 수 없습니다. 의심할 여지 없이 나는 막다른 지점에 와 있지요. 그대를 통해 이것을 인식했다는 사실을 결코 잊지 못할 겁니다. 어떤 결정의 필요성에 대해 이처럼 의심할 여지 없는 징표는 내 생애에서 가져본 적이 없습니다. 나는 그대와 결혼을 하든지 직장을 그만두는 방식으로 현재의 삶에서 벗어나야 합니다.[4]

카프카가 펠리체의 아버지 카를 바우어에게 보낸 편지에도 카프카 삶의 중심인 문학과 함께 평범하고 가정적인 삶, 펠리체에게 고통을 주지 않을까 하는 염려가 강하게 나타난다.

즉 저의 전 존재는 문학을 향해 있습니다. 저는 지난 삼십 년 동안 이 방향을 고수했습니다. 문학에서 떠난다면 저는 더 이상 살 수 없습니다. 현재 저의 참모습과 가식적인 모습은 그것에서 연유합니다…… 저는 가장 훌륭하고 사랑스러운 사람들인 가족 내에서 그 어떤 이방인보다도 낯설게 살아갑니다. 지난 몇 년 동안 저는 어머니와 하루에 평균 스무 마디의 말도 나누지 않았습니다. 아버지와는 인사를 나누는 정도의 말밖에 하지 않았습니다. 결혼한 누이동생들이나 매제들과 사이가 나쁘지 않은데도 전혀 대화를 나누지 않습니다…… 따님은 그런 사람 곁에서 살아야 합니다. 그녀는 다른 누구보다도 자기를 사랑하면서도 돌이킬 수 없는 결심으로 인해, 대부분의 시간을 방에서 보내거나 혼자서 돌아다니는 남자 곁에서 수도원 같은 삶을 견뎌내야 할까요? 그녀는 자신의 부모님과 친척뿐만 아니라 거의

---

[4] 같은 책, 658쪽.

모든 왕래에서 차단된 채 살아가야 합니다.5)

펠리체의 아버지에게 이런 편지를 보내고 약혼이 제대로 유지될 수 있다고 믿기는 어렵다. 카프카는 펠리체에게도 문학이 자신의 뼈대며 존재 자체라는 편지를 보내며 펠리체가 자신과 결혼하면 끔찍한 삶이 기다린다고 말한다.

> 사랑하는 펠리체, 그대는 나를 알지 못합니다. 내 저열한 존재를 알지 못합니다. 내 저열한 존재는 그대가 문학이나 또는 아무 이름으로 부를 수 있는 저 핵심으로 돌아갑니다 …… 나를 방해하는 것은 실제적인 사실이 아니라 극복할 수 없는 두려움, 즉 행복에 대한 두려움이며 더 높은 목적을 위해 나를 괴롭히는 욕망과 명령입니다. 그대가 나와 함께 단지 나만을 위한 마차의 수레바퀴 밑으로 들어와야 한다는 것은 끔찍합니다. 내면의 목소리가 나를 어둠 속으로 이끌지만 실제로는 그대에게로 이끕니다. 이것은 서로 결합될 수 있는 것이 아닙니다. 그럼에도 우리가 시도한다면 그대와 나는 동시에 타격을 입을 것입니다.6)

이 편지들은 오고 간 날짜가 빠르고 늦은 차이는 있지만 비슷한 주제가 끊임없이 때로는 격렬하게 때로는 가볍게 변주된다. 펠리체를 원하지만 나는 문학을 더 원한다. 펠리체와 결혼하고 싶지만 불행할 것이다. 그렇지만 펠리체를 놓

---

5) 같은 책, 614쪽.
6) 같은 책, 615쪽.

치고 싶지는 않다. 이런 편지를 카프카는 펠리체에게 질릴 정도로 보내고 또 보낸다.

1912년 10월 31일 이래로 카프카와 펠리체는 거의 매일, 어떤 때는 하루에도 두세 차례 편지를 썼다. 그것은 종종 속달이나 등기로 보내졌고, 때로는 전보도 포함되었다. 1912년 9월에서 1917년 10월까지 카프카가 쓴 편지와 우편엽서는 모두 500통이 넘었고, 그 중에서도 첫 1년 동안 보낸 편지는 전체의 반을 넘었다.[7] 펠리체의 편지나 답장이 늦게 오면 카프카는 안달하고 독촉하고 좌절하고 잠을 자지 못했다.

편지에 비추어 볼 때 카프카와 펠리체가 두 번 약혼을 하고 다시 파혼하는 과정은 자연스럽다. 펠리체가 나와 결혼하면 불행할 것이라고 공개적으로 경고하는 카프카와 파혼하지 않았다면 오히려 이상했을 것이다. 펠리체는 카프카의 친구 막스 브로트에게 카프카가 내게 많은 편지를 쓰기는 하지만 그 편지들은 아무런 의미도 담고 있지 않으며 무슨 내용인지 모르겠다고 말하기도 한다. 카프카도 펠리체가 문학과는 거리가 먼 여인임을 일찍 알았다. 그러면 카프카는 왜 이렇게 편집증에 가까울 정도로 펠리체에게 매달린 것일까. 무엇이 카프카로 하여금 태양을 도는 행성처럼 펠리체

---

[7] 이주동, 『카프카 평전』, 소나무, 297쪽.

주위를 돌게 한 것일까?

카프카의 이런 행동은 유독 펠리체에게만 해당된 것일까? 그렇지 않다. 연인 밀레나와도 같은 과정이 반복된다. 카프카는 밀레나에게 그대를 잃어버리면 나는 로빈슨 크루소가 되며 로빈슨은 섬과 프라이데이와 또 여러 가지가 있었지만 자신은 아무것도 없으며 심지어 자신의 이름마저도 밀레나에게 주었다고 편지에 쓴다. 카프카는 그렇게 절대적으로 한 사람을 믿는다는 건 신성모독적인 행위에 틀림없다고까지 말한다.[8]

카프카는 펠리체에게서와 마찬가지로 밀레나가 보내는 편지에 집착한다. 카프카가 편지를 읽는 모습에는 병적이며 광기 어린 모습도 보인다.

> 저는 당신의 편지 두 통을 저 참새가 제 방 안에 있는 빵 부스러기를 주워 먹는 모양새로 읽습니다. 떨면서, 귀에 온 신경을 집중시키고, 흘끔거리면서, 모든 깃털을 세우고 말입니다.[9]

카프카는 힘든 문학의 길을 같이 걸을 동반자를 원했다. 카프카가 어깨에 짊어진 무거운 짐을 조금 덜어주고, 때로는 카프카와 함께 쉬고, 때로는 카프카를 격려해줄 여성 말

---

[8] 카프카, 『밀레나에게 쓴 편지』, 솔출판사, 292-293쪽.
[9] 같은 책, 72쪽.

이다. 그런데 카프카의 문학이란 짐은 사람을 압살하는 무시무시한 중량이었다. 그래서 문학은 그의 존재 기초이면서 동시에 그의 정신과 육체를 갉아먹는 질병이기도 했다. 카프카는 밀레나에게 보낸 편지에서 자신이 걸린 폐병의 원인도 문학이라고 지목한다.

> 제 경우 발병의 원인은 뇌가 자신에게 부과된 걱정과 고통들을 더 이상 견뎌낼 수 없게 된 데 있었습니다. 뇌는 말했습니다. "나는 이제 포기해야겠어. 하지만 여기 아직도 누군가가 이 전체를 좀 더 지탱하고자 한다면, 내 짐을 조금 덜어주면 좋겠어. 그러면 얼마 동안은 더 버텨낼 수 있을 거야." 그때 폐가 자원을 한 거죠.[10]

카프카는 자신과 자신의 영혼인 문학을 구해줄 여자를 찾았다. 펠리체와 밀레나뿐만 아니라 카프카의 일생에서 등장하는 많은 여자들이 구원의 후보자였다. 카프카는 밀레나에게 구원을 갈구하는 자들은 항상 여인들에게 달려들기 마련이기 때문이고, 그 여자가 기독교도인가 유대인인가 하는 것은 문제가 되지 않는다고 말한다.[11] 카프카는 밀레나에게 노골적으로 구원의 역할을 요청하기도 한다. 그러나 펠리체든, 밀레나든 카프카를 구원해줄 여신은 존재하지 않았

---

10) 같은 책, 20쪽.
11) 같은 책, 89쪽.

다. 여성은 신체적인 생명을 주고 여신은 영적 총체로서의 탄생이라는 두 번째 생명을 우리에게 주는 어머니다.[12] 카프카는 자신의 삶을 안정시키고 성적 욕구를 해소해주는 여인이면서 동시에 문학의 뮤즈 또는 문학 동반자로서 완벽함을 지닌 여성을 원했다. 이는 성聖과 속俗을 모두 갖춘 여신이라고 해도 좋다. 현실에서는 거의 구하기 불가능한 여성이기 때문이다. 오고 간 편지와 밀레나의 글에서 보여지듯 밀레나가 그런 여신의 기준에 그나마 가까운 사람이었을 것이다. 하지만 카프카가 현실에서 밀레나와 같이 살았다면 과연 카프카가 간직한 성과 속의 기준을 모두 만족시켰을지 의문이다. 카프카는 자신의 그런 기준을 만족시킬 사람을 찾는 것이 불가능함을 스스로 잘 알고 있었다. 설령 카프카가 그런 여신을 찾았다면 그 여신의 존재가 카프카를 열등하고 불결한 존재로 만들기 때문에 카프카는 견딜 수 없었다. 카프카는 밀레나에게 보낸 편지에서 이렇게 말한다.

> 끔찍한 건 바로 내가 그대와 함께 있으면 나의 불결함이 훨씬 더 분명하게 의식되고 그것 때문에 나의 구원이 그만큼 더 어려워진다는, 아니 그만큼 더 불가능해진다는 사실이오. 이 사실이 이마에 진땀이 맺히게 하오. 밀레나, 그대가 뭔가를 잘못했다는 얘기는 한 적이 없소.[13]

---

12) 조지프 캠벨, 『여신들』, 청아출판사, 41쪽.

카프카는 무서운 딜레마에 빠져 있는 것이다. 한편으로는 현실에서 카프카를 지켜줄 만큼 강인하며 동시에 문학의 길에서 영감을 주거나 인도할 여신을 원하면서 그런 여신이 현실에 존재하면 카프카는 그 여신으로 말미암아 불결하고 수준 낮은 존재로 전락하게 되는 것이다. 밀레나는 그런 여신에 근접한 존재였지만 결국 결합되기 어려운 사람이었다. 카프카에게 밀레나가 유부녀고 비유대인이라는 사실이 장벽이 된 것은 아니다. 밀레나의 존재 자체가 장벽인 것이다.

카프카는 1923년 2월경 밀레나에게 더 이상 편지를 쓰지 말아달라고 요청한다.

> 제가 이 편지들, 이 중요한 편지들조차도 더 이상 쓸 수가 없다는 사실입니다. 편지를 쓸 때 생겨나는 그 끔찍한 마법이 다시 시작되어, 그러잖아도 저절로 파괴되고 있는 저의 밤 시간들을 더욱더 파괴하고 있습니다.[14]

카프카의 건강도 악화되고 삶도 고작 1년 4개월쯤 남아 있을 때였다. 여신은 카프카를 구원해 주지 못했다. 아니 그런 여신이란 애당초 존재하지 않았다. 카프카가 상상속에서 만들어낸 허구의 존재였을 뿐이다. 장편 『소송』의 끝에

---

13) 카프카, 『밀레나에게 쓴 편지』, 솔출판사, 312쪽.
14) 같은 책, 364쪽.

카는 살인자들에게 끌려가면서 길에서 뷔르스트너 양을 본다. 카는 뷔르스트너 양이 가는 길을 따라 방향을 정한다. 그러나 뷔르스트너 양은 카가 처형을 향해 가는 길에 아무런 도움이 되지 않는다. 뷔르스트너 양은 옆길로 접어들고 카는 살인자들이 가는 길을 따랐다. 뷔르스트너 양은 일종의 여신이었다. 여신조차도 카의 삶을 구원해줄 수 없었다. 카프카는 한편으로는 그런 이상적인 여인이자 여신을 찾는 동력을 삶에 퍼부었고, 한편으로는 결코 채워지지 않는, 채워질 수 없는 동력을 도로 거두어서 문학에 쏟아부었는지도 모른다.

꿈과 카프카

「변신」은 어느 날 아침에 그레고르 잠자가 '불안한 꿈'에서 깨어나면서 시작한다. 그는 자신이 침대 속에 한 마리의 거대한 해충으로 변해 있는 것을 발견한다. 당연히 그는 사실이 아니라 꿈이기를 바랄 수밖에 없다.

'어찌 된 일일까? 그는 생각했다. 결코 꿈은 아니었다.'[1]

카프카는 그의 대표작 서두에서 '꿈'을 두 번이나 강조한다. '꿈'이라면 그의 걸작인 「변신」의 호소력은 뚝 떨어지며 이어지는 사건들은 꿈속에서 벌어지는 예측 불가능하고 괴상한 일들의 연속에 지나지 않을 것이다. 카프카가 「변신」이 꿈이 아니라고 강조하지만 소설 진행은 무척 논리적이면

---

1) 카프카, 『변신』, 솔출판사, 109쪽.

서도 꿈에서만큼이나 기이하게 진행된다. 즉 「변신」은 논리적인 '꿈'인 것이다. 카프카는 많은 작품에서 '꿈'에서 벌어질 만한 갑작스런 사건이나 인물과의 만남 등을 묘사하면서 그것이 '현실'에서 일어난 구성인 것처럼 태연자약하게 진술하면서 그의 독특한 문학 세계를 일군다.

카프카는 꿈에 깊은 관심을 보였다. 카프카의 단편집 『시골의사』에 실린 한 작품은 아예 제목이 「어떤 꿈」이다. 작품 「어느 투쟁의 기록」[2]은 주인공인 내가 친구를 감시하기 위해 공중으로부터 독수리를 몇 마리 불러 내리고, 내 의지대로 돌을 사라지게 만들고 바람을 조용하게 만드는가 하면, 높은 산을 우뚝 세우기도 한다. 즉 꿈을 그대로 기록한 작품인 것이다. 단편 「시골의사」에서는 마부가 말 두 필을 갑자기 불러내는가 하면, 마부가 주인공의 집 대문을 부수고 산산조각 내기도 하고, 주인공이 마차를 타자 바로 환자의 집 마당이 주인공의 대문 앞에 열려져 있는 것처럼 순식간에 환자 집에 도착한다. 전형적인 꿈의 장면이다. 카프카의 소설에서는 꿈에서 봄직한 조우나 수상한 장소가 자주 나타난다.

카프카의 일기는 꿈으로 범벅되어 있다. 그는 귀중한 작품을 읽는 것처럼 꿈을 자세하게 기록하고 평하기도 한다.

---

2) 카프카, 『꿈 같은 삶의 기록』, 50쪽.

때로는 꿈과 싸우기도 한다. 꿈의 내용은 독특하고 기묘하지만 그의 수수께끼 같은 작품과 어딘지 모르게 닮은 면이 보인다. 일기에 나타나는 꿈 내용을 보자.

    나는 자고 있기는 하지만, 많은 꿈들로 동시에 깨어 있는 그런 상태에 있다. 나 스스로는 꿈과 맞붙어 싸워야만 하는 동안 내 곁에서는 내가 모양새로는 잠을 자고 있다.[3]

    (꿈속의) 그 건물들 사이의 문들은 전혀 내 눈에 띄지 않았는데, 그것은 바로 문으로 연결된 일렬로 늘어서 있는 거대한 방들이었고, 각 방들의 다양함만이 아니라 건물들의 다양함도 알아볼 수 없었다.[4]

    그저께는 꿈을 꾸었는데, 극장 그 자체였다. 한 번은 위층 꼭대기 관람석에 있었고, 한 번은 무대 위에 있었는데, 몇 달 전에 내가 좋아했던 소녀가 연기하고 있었다.[5]

    그림에 대한 꿈, 아마도 앵그르의 그림. 숲 속에서 처녀들이 수천 개의 거울에 비친다. 아니면 진짜 처녀들인지 등등. 비슷하게 그룹이 형성되고 극장 커튼처럼 공중에 떠서 끌리며, 그림 오른쪽으로 한 그룹이 다닥다닥 붙어 왼쪽을 보고 앉아 있다.[6]

    꿈속에서 폭이 매우 좁지만 높이는 꽤 되며 유리로 된 돔이 있는 어떤 파사주에 있었는데, 옛날 이탈리아 그림들에 나오는 비좁은 파

---

[3] 카프카, 『카프카의 일기』, 44쪽.
[4] 같은 책, 60쪽.
[5] 같은 책, 194쪽.
[6] 같은 책, 209쪽.

사주와 비슷했고, 멀리서 보니 우리가 파리에서 보았던 어느 파사주와도 닮았는데.[7]

꿈:밑에서 봤을 때 왼쪽에서부터 시작되는 오물 아니면 딱딱한 진흙 같은 것이, 오르막길 경사 중간쯤 특히 주로 선로 안에 쌓여 있었다. 그것의 오른편은 부서져 떨어져서 점점 더 낮아지는 반면에 왼편은 울타리 말뚝처럼 우뚝 솟아 있었다.[8]

꿈들:베를린에서, 길들을 지나 그녀 집으로 향한다. 행복하고 차분한 의식 상태. 아직까지 내가 그녀 집에 있는 것은 아니지만, 그리 쉽게 갈 수 있을 것 같고 또 반드시 거기에 도착하게 될 것이다.[9]

1912년에 기록한 아버지와 함께 성문 앞에 도착하는 꿈은 장편소설 『성』의 도입부를 닮기도 했다. 그리고 카프카가 아버지와의 갈등에 관해 쓴 「아버지에게 드리는 편지」와 연결되기도 한다.

얼마전에 꾼 꿈:나는 아버지와 함께 전차를 타고 베를린을 달리고 있었다. 우리는 한 성문 앞에 도착했다. 성문 뒤에는 아주 가파른 벽이 위로 솟아 있었는데, 이 벽을 아버지는 거의 춤추다시피 하면서 올라갔다. 이 일이 아버지에게는 얼마나 쉬웠던지, 당신의 두 다리가 날아가는 것 같았다. 아버지가 나를 조금도 도와주지 않은 것은 나를 배려하는 마음이 조금도 없었기 때문이다. 나는 극도로 고생하면서

---

7) 같은 책, 231쪽.
8) 같은 책, 485쪽.
9) 같은 책, 517쪽.

네 다리로 기어서, 그러면서도 거듭 뒤로 미끄러지면서 올라갔다. 마치 내 아래에 있는 벽이 점점 더 가팔라지는 것 같았다.10)

카프카는 왜 이렇게 꿈을 자세하게 기록했을까. 자신의 의식이 무엇을 나타내는지 알고 싶었고 동시에 소설의 재료를 구하기 위해서가 아니었을까. 꿈은 일종의 광기이다. 우리가 꿈에서 하는 행동을 현실에서 저지른다면 우리는 정신병원에 갇히고 말리라. 앨런 홉슨은 꿈의 형식은 착란 상태와 매우 흡사하다고 말한다. "꿈속에서는 시각적인 환각이 빈번하게 일어나고 소재 인식의 안정성이 사라지며 최근의 기억이 상실된다."11) "정신 상태는 언제나 깨어 있는 상태의 온전함과 꿈꾸는 상태의 광기라는 두 극단 간의 밀고 당기는 타협 상태에 있다."12)

그런데 우리는 꿈이란 광기를 꿈속에서는 진짜처럼 경험한다. 외부 세계의 비교 대상이 없는 상황에서 꿈은 시각적 장면과 운동이 주도하는 환상의 세계상을 반영한다. 그래서 꿈은 꿈을 깨기 전에는 꿈인지 모른다. 꿈이라는 스스로 완결적인 세계 속에서 나는 느끼고 맹목적으로 움직일 뿐이다.13) 뇌는 감각기관의 도움 없이 스스로의 힘으로 꿈을 진

---

10) 같은 책, 343쪽.
11) 앨런 홉슨, 『꿈』, 아카넷, 46쪽.
12) 같은 책, 173쪽.

짜처럼 만들기 때문이다.

꿈은 정서의 은유적 표현이며, 꿈에서는 시각적 이미지가 유난히 생생하며, 감정의 뇌가 활발해져, 꿈은 나의 생각과 느낌으로 가득하다. 현실은 감각의 안내를 받고 있는 꿈 상태로 볼 수 있다. 즉 꿈은 유난히 생생한 의식 상태이며, 현실은 지독한 꿈인 것이다.14)

카프카의 많은 작품이 꿈과 유사한 생생한 장면과 인물로 차 있는 것은 우연이 아니다. 카프카는 꿈을 자세하게 기록하기 위해서 애썼고, 방대한 꿈 기록을 남겼다. 그는 자신이 처해 있는 극단적인 딜레마를 꿈처럼 인식했는지도 모른다. 즉 문학에 전념하고 싶다는 열망과 보험회사에 계속 다닐 수밖에 없는 현실, 이 두 힘 사이에서 그는 끊임없이 뭉개지고 그러면서도 생존해 나갔다. 마치 꿈속에서 무서운 사건이 덮쳐도 꿈을 꾸는 자가 끊임없이 생존해 나가는 것처럼.

카프카의 꿈 기록은 그가 쓴 소설의 소재이자 앞선 경험이었다. 카프카는 꿈에서 소설의 뼈대와 소재를 찾고, 소설에서 현실의 도피처를 찾아내고, 현실에서는 여신과 같은 이상화된 여인을 찾아 품에 안기 위해 달리고 또 달렸다. 이

---

13) 박문호, 『박문호 박사의 뇌과학 공부』, 김영사, 443쪽.
14) 같은 책, 439-441쪽.

모든 시도가 잘 어우려졌을 때는 걸작이 탄생했다. 그에게 현실이란 꿈의 또 다른 변형이었다. 카프카는 꿈에서 소설을 추구하고, 소설에서 꿈을 추구하며 밀고 당기는 삶을 산 것이다.

권경희

삶은 고통이자 희열!
카프카를 재회하고
고통을 즐기는 통로를 찾게 되었다.

실존의 그림자, 죄책감

"가면 안 됩니다. 당신은 체포당한 겁니다." "그런 것 같군요." 카가 말했다. 그러고는 "그런데 도대체 이유가 뭡니까?"라고 물었다. "우리는 그런 걸 말할 처지가 못 됩니다. 당신 방에 가서 기다리세요. 이제 소송 절차가 시작되었으니 때가 되면 모든 걸 알게 될 겁니다. 이렇게 친절하게 충고해 주는 것만 해도 내 권한 밖입니다."[1]

마치 자백을 강요당하는 황당한 중상모략임이 분명하다. K(요제프 케이)의 처지에 몰입되었던 나 역시 불안해지기 시작하고, 경험하지 못한 일이 일어난 것 같은 두려움이 몰려온다. 도대체 무엇이 언제 어떻게 잘못되었단 말인가? 그걸 알 수 있다면 조금은 용납할 수 있을까? 책을 읽는 독자로서 그것을 찾기가 녹록치 않다. K 역시 자신에게 주어진 모든 상황을 인정할 수 없다고 거부한다. 모든 것이 잘못 이

---

[1] 카프카, 『소송』, 11쪽.

해되었고, 합리화 되었다고 말한다. K는 끊임없이 자신의 죄가 없음을 밝히기 위해, 그가 생각할 수 있는 모든 근거로부터 도움을 구하지만 자신이 결코 자유로워질 수 없음을 깨닫는다.

"당신의 소송이 불리하다는 것을 아시오?" 신부가 물었다. "제가 봐도 그런 것 같습니다." 카가 말했다. "저로서는 온갖 노력을 다했습니다만 지금까지 아무런 성과도 없습니다. 물론 진성서도 아직 끝내지 못한 상황입니다." "결말이 어떻게 나리라고 생각하시나요?" 신부가 물었다. "전에는 좋게 끝나리라고 생각했습니다." 카가 말했다. "이젠 이따금씩 그것이 믿어지지 않습니다. 어떻게 결말이 날지 알 수가 없습니다. 신부님은 아십니까?" "모르지요." 신부가 말했다. "그러나 나쁜 결말이 날까봐 걱정입니다. 당신이 죄가 있다고들 생각하지요? 당신 소송 문제는 아마 하급 재판소를 결코 벗어나지 못할 겁니다. 적어도 현재로서는 당신의 죄가 입증됐다고들 생각하니까요." "그렇지만 저는 죄가 없습니다." 카가 말했다. "그것은 오류입니다. 도대체 인간이 어떻게 죄가 될 수 있단 말입니까? 여기 있는 우리는 모두 인간이지요. 너 나 할 것 없이 모두 말입니다." …(중략)… "당신은 사실을 오해하고 있습니다." 신부가 말했다. "판결은 갑자기 내려지는 게 아닙니다. 소송 절차가 서서히 판결로 넘어가는 거지요." "그렇군요." 카가 말하고는 고개를 숙였다. "당신 사건에 대해서 앞으로 어떻게 하실 작정입니까?" 신부가 물었다. "도움을 구할 생각입니다." 카가 이렇게 말하고는 신부가 그것을 어떻게 판단하는지 알기 위해 고개를 쳐들었다. "제가 아직 시도해보지 않은 가능성들이 분명 있을 겁니다." "당신은 남의 도움을 너무 많이 받으려고 해요."[2]

---

2) 같은 책, 227-228쪽.

K가 성당을 찾았을 때 성직자는 단순한 인간의 보편적인 죄를 넘어선 인간의 실존적 죄의식을 역설하며 인간의 집단적 죄의식 안에서 자신의 죄의식을 용해시키지 말 것을 경고한다. 다시 말하면 K, 당신의 죄를 없애기 위해 외부의 도움을 받으려 너무 많은 애를 쓰지 말라는 것이었다. 하지만 K는 법정을 앞지를 수 있는 방법을 구하기 위한 희망을 놓으려 하지 않고, 자신이 저지른 범죄적 행위가 무엇인지를 밝혀낼 근거만을 찾으려 한다. 끝까지 자신의 내면을 돌아보기 위해서는 한 발짝도 내딛지 않고 '개처럼' 죽는 그 마지막까지 외부로부터 도움만 계속 구한 것이다.

실로 K는 자신이 지은 죄가 무엇인지 모르니 죄의식이 없다고 여기는 것은 당연해 보인다. 그가 아무리 애를 써도 자신의 죄를 찾지 못할 뿐만 아니라 그러한 사실을 용납할 수도 없다. 아무리 생각해도 지은 죄가 없고, 언제 어디서 무슨 일을 벌였는지 도무지 알 수 없어 답답할 뿐, 가면 갈수록 어둡고 축축한 정글 속을 헤매는 느낌이 든다. 어둑어둑한 정글 속으로 내리쬐는 햇살은 진실을 찾아 헤매던 K를 오히려 더 방황하게 한다.

우리 역시 K와 다를 바 없지 않은가? 나를 돌이켜볼 마음도 전혀 없이 오로지 K처럼 어떻게 하면 소송에서 벗어날지 그 마음뿐이지 않은가? 더구나 지은 죄도 없이 속수무책으로 벌을 받기엔 허무하기 그지없다. 도대체 K는 무엇을 잘못 했단 말인가? 보편적 관점에서 바라보는 K는 죄의식도 죄책감도 없어 보인다. 너무 황당하고 말도 안 되는 사건의 주인공으로 발탁된 등장인물로서도 안타까운 마음이 든다. 100년이 지난 지금, 굳이 복잡한 해석 따윈 하지 않아도 좋으련만 독자로서 느끼는 무거운 감정을 그냥 지나치기에는 아쉬움이 남는다.

하이데거는 인간 실존은 세상에 홀로 내던져졌다고 표현했다. 그렇다면 우리 인간은 고유한 틀이 없는 이 우주 속에서 자신에게 주어진 삶을 각각 창조해내는 힘을 발휘해야만 한다. 하지만 중요한 것은 창조한 자신의 행동이나 실패한 행동에 대해서도 책임을 져야 한다는 사실을 잊어선 안 된다. 우리의 삶은 자신이 자유로 계획한 행위로 만들어지고, 이는 곧 자유의 행위로 자신이 만들어지는 것이다. 원인이 있으면 결과가 따르는 것과 마찬가지로 자신의 행위에 대한 책임이 따를 수밖에 없는 까닭이다.

우리는 알든 모르든 이러한 삶 앞에 직면해 있다. 인간의 삶은 낯설고도 신비한 우주를 유영하는 우주인과도 같아서 반드시 우주복이 필수인 것처럼 자유로운 유영은 우주복의 무게만큼이나 무거운 책임이 따른다. 자유롭지만 무거운 우주복을 벗어 던져버리기엔 너무나 위험한 제약이 따르기에 우리가 그 속에서 살아남기 위해선 반드시 필요한 조건으로써 무거운 옷가지를 벗어버릴 수가 없는 것이다.

결과적으로 인간은 목적 있는 삶을 만들어가기 위해 스스로의 행위로 자신에게 주어진 자유를 배우고 만들어가는 존재이다. 하지만 이러한 자유 속에서 책임을 회피한다면 스스로 존재함을 포기하는 것이나 다름없다. 따라서 자기를 선택하는 행위를 포기함으로써 비굴한 인간존재가 되는 것이다. 즉 자기 자신 앞에 서 있는 운명을 범하는 죄의식을 알아차리지 못하는 것이다. 마치 K가 자신의 잘못을 찾지 못하는 것처럼. 이는 바로 자기 자신 내부에 잠재해 있는 진정한 자신을 깨우지 못하고 희생시킨 책임을 느끼지 못하는 의미와도 같은 것이다. 바로 실존적 죄의식을 느끼지 못하는 것이다.

> 어쨌든 그런 단순성이나 자부심은 비록 사소하게 드러나기는 하지만, 입구를 지키는 일을 약화시키는 일로 보아야 합니다. 그것이 문지기 성격의 허점이지요. …(중략)… 이런 모든 것을 미루어 볼 때 그는 내부의 모양이나 의미에 대해서는 아무것도 알지 못하며, 거기에 대해서 착각하고 있다는 결론에 이르게 됩니다. 그리고 그는 또한 시골 사람에 대해서도 착각하고 있다는 의견이 있습니다. 왜냐하면 자신이 시골 사람에게 예속되어 있는데도 그것을 모르기 때문이라는 것입니다. 그가 시골 사람에게 예속되어 있다는 것은 사실 분명하다는 것입니다. 무엇보다도 자유로운 사람은 얽매여 있는 사람보다는 높

은 위치에 있는 법이니까요. 사실 그 사람은 자유롭습니다. 그가 원하는 곳이면 어디든 갈 수 있습니다. 그에게는 단지 법에로의 입장만이 금지되어 있을 뿐이지요. 그리고 그것도 단지 한 사람, 즉 문지기에 의해서 금지당하고 있는 거지요.3)

카프카의 「소송」은 자신의 죄를 전통적인 방식으로 해석함으로써 자유를 찾으려는 K를 통해 자신의 삶을 스스로 완성하도록 부르짖는 잠재된 자신에게 보내는 묵직한 울림이다. 또한 자신이 하지 않은 것에 대한, 자신이 하지 못한 것에 대해 죄의식을 가지고 주어진 운명을 마주하는 진정한 자기 자신이 되도록 안내한다. 누구든 자신의 완성된 삶을 위한 울림으로써 실존적 죄의식을 느낀다면 늘그막에 '별안간 열리는 죽음의 문'앞에서 기다리지 않아도 될 것임을 알게 해준다.

흔히 말하는 청춘의 시절에 내가 만났던 카프카의 작품들은 적잖은 충격을 안겨주었다. 수많은 시간이 흐르고 다시 만난 그의 작품 「소송」은 현대 삶을 살아가는 인간실존의 모습이 섬세하고도 신랄하게 묘사되어 또 한 번 나를 놀라게 했다. 더구나 카프카는 나에게 「소송」의 독자로서가 아닌 K와 함께 호흡을 맞추며 작품을 완성해가도록 하는 작은 역할을 부여하는 바람에, 나는 K의 주변을 서성이는 행

---

3) 같은 책, 236책.

인으로, 어느 때는 극장 뒷좌석에 앉아있는 관객으로, 그리고 급기야 문지기가 되기도 하였다. 중요한 것은 물오른 엑스트라가 100년 전 K가 되기 위해 감히 주인공을 넘보다 현실을 종종 잊어버린다는 사실이다. 이제 나는 K임을 자처한다. 아니 처음부터 K였음을 이제야 알아차렸다.

문지기는 허상일 뿐! 이제야 나는 K이자 실재로서 그 문을 열고 들어갈 준비가 되었다.

카프카의 방

우리 서로 맞서서 게임을 하지 말고 함께 게임을 하며 나란히 앉아 있자꾸나. 서로 가까이 붙어 있긴 한데 그렇다고 부딪친 것과 가볍게 때린 것을 반드시 구별할 필요는 없지 않겠니. 다른 사람은 그렇게 하고 싶어 하겠지. 또한 실제로도 그 둘은 서로 엇물려 있거든. 예컨대 '더 들어갈 틈이 없는 입'은 정말 네가 아니라 오히려 네 이름 속에 있는 그 '모호한 것과 눈에 보이지 않는 것'을 겨냥한 것이었어. 넌 편지에서 비록 그 본질에 상응하는 '모호한' 답변이라 할지라도 하나의 답변이 있다는 사실을 알게 됐잖니. 아무튼 무엇인가가 있어.[1]

남매의 모습은 마치 숨결만 들어도 오장육부의 건강상태를 알 수 있는 오래된 부부 같다. 누이는 언젠가 열리게 될 방을 부드러운 수건으로 닦고 닦아 혹여나 자국이라도 생기지 않았는지 이리저리 살피며 혼신을 다해 지켜내려는 든든한 수문장을 떠오르게 한다. 방은 그곳을 지키고 있는 존재

---

1) 카프카, 『카프카의 엽서』, 솔출판사, 98쪽.

만으로도 본연의 의무를 다하는 것처럼 그냥 그 자체로 빛나고 있을 뿐이다.

> 네 방은 정말 근사하구나. 남 물건들이 아니라 나 자신으로 방을 가득 채웠어. 네가 돌아와서 헤쳐 나가야 할 상황이 되지 않도록.[2]

때로는 단순한 삶의 반경에 반해 내 욕망은 흘러넘쳤다. 욕망의 홍수는 주체할 수 없이 범람하여 내 모든 것을 쓸어내렸고, 아둔하게도 또 다른 욕망의 뿌리를 내리기 시작했다. 알면서도 못하는 건지, 알고도 또 하는 건지 비우지 못하고 내려놓지 못하는 신인류의 변질된 바이러스가 고질병이 된 듯하다. 실로 비움의 미학을 절실히 소원했음에도 구석구석 채워진 욕망 덩어리는 구를 수 없는 커다란 혹성이 되어버렸다. 울퉁불퉁 불거진 거친 표면을 덮어버린 이끼의 모습은 마치 멀리 보이는 아름다운 고성의 벽사이로 뻗어가는 덩굴인양 아름다운 착각 속으로 빠져들게 한다. 이제는 비워야 할 욕망을 채워야겠다.

> 7월에 결혼한다는 말에 정말 놀랐어. 6월 말쯤으로 생각하고 있었는데 말이야. 너는 결혼에 대해 말하는 것이 마치 네가 내게 부당한 짓을 하는 것처럼 말했지. 사실은 그 반대야. 우리 둘 다 결혼을 하지

---

[2] 같은 책, 236쪽.

않는다는 것은 끔찍한 일일 거야. 그런데 우리 둘 중에서 네가 결혼하기에 더 적합한 것은 확실해. 그러니 너와 나를 위해서라도 결혼해라. 결혼한다는 것이 쉬운 일이라는 것은 세상이 다 아는 일이야. 대신 난 우리 둘을 위해서 독신으로 남겠어.[3]

나는 우스갯소리로 결혼이라는 신성한 의식으로 내가 다시 태어났다는 표현을 자주 한다. 또한 그 말을 넘어서는 멋진 말을 찾고 있는 결혼예찬론자이기도 하다. 그렇다고 나의 결혼생활이 보여줄 거리로 가득 차 화려하거나, 섬세하고 매력적인 말과 행동으로 세련된 일상을 표현하는 남편을 가지지도 않았으며, 잠시라도 떨어져선 살 수 없는 닭살부부는 더더욱 아니다. 결혼은 그저 서로를 묵묵히 지켜봐주는 관심의 복합체이다. 여기엔 잡설이 필요하지 않다. 들판에 풀어놓은 양들이 여기 저기 모여서 풀을 뜯는 모습을 관심 있게 지켜보는 것처럼 든든한 울타리로 목장의 평화를 지키는 것이다.

사진 두 장을 보내마. …(중략)… 내 모습이 그렇게 매혹이고 강하게 보이지 않는 것은 유감스럽게도 내 책임이야.[4]

책임은 뜨거운 감자이고 불편한 진실이다. 책임은 져야

---

3) 같은 책, 118쪽.
4) 같은 책, 147쪽.

하는 행위이고 보이지 않는 양심의 결과이다. 과연 내 얼굴이 양심의 결과이자 책임진 모습인가 거울을 보게 된다. 적당한 주름은 그동안 삶의 연륜을 말해주고, 피폐했던 지난 일들은 얼기설기 옷감을 짜는 듯 서로 마주한 채, 씨실과 날실을 마주잡고 있다. 해질녘 창가에서 한 발짝 물러서니 역광 속에 드러난 작은 얼굴이 석양의 찰나 속에 빛나고 있다.

> 타우씨히 서점의 계산서와 신문에서 오려낸 엘리에게 줄 기사를 동봉한다. 그리고 펠릭스와 관련된 것도 함께. 십 년은 그렇게 긴 세월이 아니야. 갑판 의자에 누워 왼쪽에서 오른쪽으로 한 번 몸을 돌리고 시계를 보면 십 년이라는 세월이 훌쩍 지나가는 법이거든. 내가 움직이면 시간이 더 걸려.[5]

십 년이 몇 번이나 흐르고 또 한 번의 십 년이 채워져 간다. 지난날들이 그립거나 아쉽지 않고, 세월 깊은 옷자락이 짧아지는 것처럼 갈수록 십 년 마디의 주기가 줄어듦을 염려하진 않는다. 그것은 단지 느낌일 뿐이고 편견일 뿐이다. 하루의 몫을 거뜬히 해내는 순간이 중요할 뿐이다. 오늘 하루만큼 사랑하고, 오늘 하루만큼 겸손하고, 오늘 하루만큼 미안하면 나의 오늘은 행복하다. 내일을 위해 남겨두지 말고, 모레를 위해 아껴둘 필요는 없다. 오늘은 오늘로써 끝

---

5) 같은 책, 159쪽.

날 운명, 내일이면 사라질 운명, 오롯이 오늘은 내 것이다.

> 오틀라야, 넌 물론 이미 도마슈리츠에 적응했겠지. 별 수 없잖니. 그러나 그곳은 도시고, 사람들은 시골에서보다 도시에서 더 고독한 법이야. 게다가 넌 그 사실을 알고 있다고 편지에 썼더구나. 바빌론이라는 곳에 대해 말했었지.-내가 그곳에 갈 수 있으리라고는 생각할 수 없어. 이곳 역시 내가 걱정했던 것 만큼 시끄럽지는 않아. 아이들의 소음은 어른들의 소음보다 듣기 좋아. 그 이유는 아이들의 소음은 없어서는 안 되고, 아이들이 있음으로써 소음에 대해 보상을 받기 때문이지 …(하략)…6)

어떤 아이가 글을 썼다. 그것은 일상을 담은 글이고, 그 날의 반성이기도 했다. 어느 날 또래 세 네 명이 운동장에서 놀이를 하는데 그 아이는 구경만 해야 했다. 아이들은 자신들이 생각하는 대로 놀이를 하면서 옆에 친구가 왜 혼자 서 있는지 생각하지 않았다. 그냥 그들만의 세상에서 놀이를 하느라 그 아이는 관심 밖이었다. 그러나 그들을 지켜본 아이는 자신과의 고독한 싸움을 하고 있었다. 그냥 가버렸어도 되지 않았을까싶지만, 소외된 채 거기에 묵묵히 서있었다. 그럼에도 불구하고 다음에는 자신도 그 놀이를 함께 할 것이란 소망을 글로 토해내며 미소를 짓는다. 아이는 우주이고 자유이며 사랑이다. 이러한 아이들의 세계를 어른들은

---

6) 같은 책, 168쪽.

알 수 없다. 단지 어른의 시선으로만 보여 지는 아이들의 모습을 현상되지 않는 필름으로 순간만을 포착할 뿐이다. 아이가 우주 속에서 자신만의 세상을 만들어가는 모습을 담아낼 혜안이 필요하다.

> 오틀라야, …(중략)… 너를 만난다는 기쁨 외에도 네가 온다면 어쩌면 여행을 하지 않아도 될 것 같구나. 넌 나에게 그런 존재야. 하지만 난 너 외의 것을 말해야 한다는 것이 아주 두려웠어. 그러기에는 너무 때가 이르고 이곳에서 충분할 정도로 확고하게 자리를 잡지 못했고, 또 밤만 되면 너무 불안해져. …(중략)… 넌 이 상황을 정확하게 이해할 수 있을테지. 그것은 좋아한다는 것, 환영받는다는 것과는 아무 상관이 없어. 그 이유는 오는 사람에게 있지 않고 맞이하는 사람에게 있어. 베를린에서의 이 모든 일은 세심한 주의가 필요해. 그러니까 베를린 일은 좀 민감하다고 할 수 있어. 아버지의 영향을 받은 것이 분명해. …(중략)… 내가 사랑하면서 두려워하기도 하는 것은 바로 프라하야.[7]

가끔 기억을 떠올려 10대로 가게 되면, 그때는 아버지의 위력에 작은 목소리를 내는 사람은 아무도 없었다. 나 역시 고개를 쳐들고 달려들기도 했지만 스스로 휴전을 내리기 일쑤였다. 나의 20대도 마찬가지였다. 난 울퉁불퉁 거친 원석을 제련이라도 할 듯 언제나 불을 지폈고, 수시로 작은 포탄을 들고 다니며 아버지 근처에 던져버렸다. 몇 십 년이 지난

---

7) 같은 책, 178쪽.

지금도 눈을 감으면 날카로운 한 마디를 쏟아 붓곤 아버지를 뒤로 한 채 대문을 박차고 나오던 모습이 떠오른다. 아버지는 아무 것도 달라지지 않았지만 전혀 실망스럽지도 밉지도 않았다. 단지 아버지와 나는 모든 게 달랐을 뿐이다. 나는 그런 식으로 아버지와 대화를 했던 것이다. 내가 서른이 넘어 결혼을 할 때, 아이처럼 훌쩍이며 막내딸 사랑을 콧물로 표현했던 분. 그 분이 사랑을 말로 표현한 적은 한 번도 없었다. 우리는 그렇게 대화하고, 그렇게 사랑했다.

카프카의 인생미학

> 나는 딱딱하고 차가웠다. 나는 하나의 다리였다. 나는 어떤 절벽 위에 놓여있었다. …(중략)… 그렇게 나는 놓여 기다렸다. 나는 기다려야만 했다. 한 번 설치된 다리는 무너져 내리지 않고는 결코 다리임을 그만 둘 수 없다.[1]

누군가 나를 부르는 행위는 다리를 건너는 일이다. 누군가 나를 불러줄 때 나는 비로소 나를 느끼기 때문이다. 실로 진정한 내가 된다는 것은 쉬운 듯 쉽지 않은 일이다. 수만 번 다리를 건너야 하고, 때로는 절벽 아래 힘차게 흘러내리는 강물 위에 걸터앉은 흔들다리 앞에서 멈춰서야 할 때도 있기 때문이다. 한 쪽 발을 헛짚기라도 한다면 간담이 서늘해지는 롤러코스터보다 더 아찔한 긴장으로 공포를 느낄 수도 있어 이러한 다리를 건너는 일은 그야말로 결코 평탄치

---

[1] 카프카, 『꿈 같은 삶의 기록』, 솔출판사, 263쪽.

만은 않은 일이다. 그럼에도 불구하고 우리가 다리를 건너야만 할 때가 종종 있지 않은가? 자의든 타의든 그것을 해야만 할 때, 고소공포증이 있는 사람은 홀로 그 속내를 드러내지 못하고 견뎌야만 하는 경우와 같이 말이다.

이렇게 다리를 건너온 자는 안도의 한숨을 쉬고 겨우 식은땀을 훔쳐 내리는 것도 잠시, 지나온 흔들다리의 위엄에 놀라고, 그것이 거기 있음에 경이로울 따름이다. 그렇게 주변 언저리를 돌며 기암괴석의 경관을 마주하다 보면 깎아지른 절벽이 늘어선 모습에 또 한 번 놀람을 금치 못한다. 경사진 산 아래로 장엄하게 뿌리박힌 바위틈에 비틀거리는 육체가 중력을 받기는 흡사 세 바퀴 공중제비를 돌고 제자리에 바로 서는 만큼 힘든 일이다. 그야말로 진퇴양난이 아닌가? 잠시 머뭇거리기도 전에 어디로든 가야만 한다면 어느 길을 선택해야 할까? 두말할 나위 없이 길은 있지 않은가! 경사를 타고 아래로 내려가든지, 아니면 왔던 길을 돌아가든지. 선택을 한다는 것조차 한 마디로 만만치 않다. 나는 전자를 택했다.

중요한 것은 하산을 한다는 것이 산을 오르는 것보다 더 위험수위가 높다는 것! 게다가 어깨와 허리로 이어진 안전띠도 없이 악산을 타야 한다면 한 번 더 마음을 단단히 고쳐먹어야 한다. 물론 온몸에 흐르는 땀방울 속 미세감각까지도 나를 지켜주는 수호신이자 등대이기도 하지만, 결코 한눈을 팔 수 없다. 이제 아래로 내려가야만 한다. 뒤를 돌아볼 이유가 없지 않은가? 바위 틈 사이 흙바닥을 짚고 한 발 두 발 아래로 내려가야만 한다. 때로는 미끄러지고 부딪치고 구르고 뒹굴어 능선에 올라야 한다. 마침내 해가 뉘엿뉘엿 자리를 깔고 어둑해지면, 나는 모든 것을 내려놓고 쌓인 먼지를 떨고 몸과 마음을 말끔히 씻고 잠자리에 든다.

검푸른 허공 속 낯선 곳에 내가 벌거벗은 몸으로 우뚝 섰다. 그런데 저편에 또 하나의 내가 서있다. 그녀 역시 벌거벗은 몸으로 건너오라는 손짓을 한다. 저편으로 가는 걸음은 무척 무겁고 힘들지만, 다가갈 희망으로 사력을 다한다. 갈수록 또 다른 나의 모습은 멀어지고 작아져 사라질 듯해 보인다. 움직이지 않는 몸을 이끌고 앞으로 조금씩 나아간다. 마침내 나는 그녀의 손을 잡았고 블랙홀 속으로 휘말려 든다. 두 손을 잡은 날개 없는 천사의 비행처럼 검푸른 하늘빛 어딘가를 둥둥 떠다닌다. 내가 나를 바라보면서, 때로는 두 팔을 마주하고 둥글게 만든 동그란 우주를 내려다보면서 그렇게 말없이 우리의 밤을 떠돈다. 나는 낯설지만 익숙한 또 다른 나의 손을 잡고 길고도 낯선 밤을 여행했다.

친애하는 밀레나 부인. 제가 도브지호비체에서 보낸 엽서는 아마

받으셨을 줄로 압니다. 저는 아직도 여기에 있습니다. 하지만 이삼 일 후에 집으로 돌아갈 겁니다. 여기는 모든 게 너무 비쌉니다. 잠도 너무나 안 오고요. 등등. 그것만 빼면 경치는 물론 대단히 아름답습니다. 다음 여행에 관해 말하자면, 아마도 이번 여행을 통해 여행할 기력이 좀 길러진 것 같습니다. 그게 프라하에서 반시간 가량 더 떨어진 곳으로 갈 수 있는 기력에 그친다고 할지라도 말입니다. 단지 제가 두려워하는 건, 첫째로는 비용이고, -여기는 물가가 어찌나 비싼지, 죽기 바로 전 며칠이나 여기에서 지낼 수 있을 것 같습니다. 그때가 되면 빈털터리가 되어도 상관없으니까요-그리고-둘째는 말입니다 - 천국과 지옥이 두렵습니다. 그것만 제외하면 온 세계가 다 제게 열려 있지요.2)

여행은 두려움과 함께하는 특별함이다. 비록 낯선 곳에서 갖가지 두려움에 휩싸일 때도 있지만 여행은 채움의 미학이다. 만남과 향기로, 또는 시각적 형상이 빚어내는 상상의 순간으로, 때로는 환대와 냉대 속 이방인으로, 보이지 않는 이국적 감성으로 채워질 미학적 감성이 오감을 작동시키기 때문이다. 나에게 그곳은 천국이다. 나의 오감이 작동되어 모든 감각이 나를 일깨우는 바로 그러한 곳이 내 사고의 알고리즘이 힘을 발휘하는 곳이기 때문이다.

카프카는 오감으로 고뇌하며 불안과 갈등하고, 온몸으로 저항하며 글을 썼다. 그것은 그저 운명이자 숙명이었다. 카프카의 불안은 즐겁고도 고통스런 글쓰기의 산물로써 그는

---

2) 카프카, 『밀레나에게 쓴 편지』, 솔출판사, 365쪽

불안과 함께 글쓰기를 즐겼고, 그가 불안을 밀어낸 자리는 고뇌의 글쓰기로 대신 채워나갔다. 한 마디로 그의 글쓰기는 양날의 검이자 삶의 도구였다. 이러한 까닭에 그는 천국과 지옥을 오가며 온몸으로 삶을 살아내야만 하는 전사가 되었다. 그는 이미 날카로운 오감으로 자신의 육체에게 모든 것을 알렸고 그의 육체가 스스로 알아차리길 바랐을지도 모른다. 카프카는 불안을 자처하며 살아내는 방법을 터득한 것이 아닐까? 실로 그것이야말로 그에게 천국이자 지옥이 아니었을까?

나 또한 카프카의 작품으로 천국을 만나고 지옥을 경험했다. 오감으로 표현된 그의 고통은 고스란히 내 몸속으로 들어와 깊은 곳에 저장되고 그 고통은 시도 때도 없이 나를 일깨운다. 카프카는 하루도 빠짐없이 그 존재감을 과시하듯 밤낮으로 편협한 나의 사고를 멈추게 하지만 그는 나를 설득하지 않는다. 단지 내가 스스로 변화하길 바랄 뿐이다. 삶에 주눅 들지 않고, 두려워하지 않고 당당하게 나아가길 응원할 뿐! 친구와 길을 가면서 자연스레 올리게 되는 어깨동무로 그와 내가 친구임을 확인하면서 말이다. 좋다! 카프카와 친구라니! 실로 가문의 영광이지 않은가!

나는 천국과 지옥이 미래의 어느 지점에 있다고 생각하지 않는다. 지금 여기가 천국이고 지옥일 뿐이다. 내가 살아가는 순간순간이 천국이자 지옥이고, 지금 내 심장을 박차고 나오는 희열이 지옥이고 천국인 것이다. 나는 열 권의 카프카를 만나고 이제 여기서 여행을 멈추려고 한다. 그리고 지금 여기서 천국으로 엽서를 부친다.

Dear, 프란츠 카프카! 그대는 이미 지옥을 넘어 천국에 다다랐으니 이제 그만 고뇌의 여행을 끝내고 편히 쉬소서.

근 2년 동안 카프카의 책들과 함께했다.
그와 가까워지진 못했지만 왜 그렇게 힘들게 글을 썼는지,
그를 따라다니던 불안과 고뇌를 조금은 알 듯하다.
이제 카프카를 떠나보내려 하니 시원섭섭하다.

카프카에게 보내는 편지

평생을 불안과 두려움을 안고 살았으며 글쓰기가 존재의 의미였던 100년 전의 카프카에게 편지를 보냅니다.

당신의 소설은 지금도 많은 사람들에게 읽히고 있습니다. 미로를 헤매는 듯한 내용, 모호한 전개 난해한 이야기로 당신의 소설을 연구하고 분석하는 사람들이 많습니다.

백년어서원 〈죽간독서회〉에서 당신의 작품들을 읽었지만, 여전히 가까이 하기엔 너무 먼 당신입니다. 그래서 저는 20대 아들 둘을 키우는 엄마로서 제가 느낀 바를 얘기하고자 합니다.

당신은 자신이 어려서부터 받은 교육의 폐해를 얘기하고 있습니다. 그 당시 부유한 가정에 태어나 엘리트 교육을 받은 어쩌면 선택된 소수의 사람에게 주어진 교육을 받았는데 그런 말을 하는 것이 이해가 되지 않았습니다.

> 모든 인간은 각자 고유하다. 그 고유성으로 영향을 미치도록 되어 있다. 그러나 자신의 고유성에서 취향을 찾아야만 한다. 그러나 내가 경험한 바로는 학교도 가정도 이 고유성을 말살하려는 데 급급하다. 그렇게 함으로써 교육이란 작업이 수월해진다. 또한 어린아이의 삶이 수월하도록 해준다. 그렇지만 그것에 앞서 아이들은 강요가 야기하는 고통을 겪지 않으면 안 된다.[1]

그러나 한편으론 이해가 되는 부분이기도 합니다. 당신이 말했듯이 인간은 각자가 고유성을 가지고 있는데 타고난 병적인 예민함 감수성을 가진 당신에겐 일방적인 틀을 강요하는 교육은 힘들었을 것 같습니다. 나 역시 그러했습니다. 아들 둘이 가지고 있는 남들과는 다른 점을 보지 못하고 무얼 원하는지 알려고도 하지 않고 일률적인 잣대로 공부만 열심히 하면 된다고 생각했습니다.

당신의 아버지는 열심히 일을 해서 돈을 벌어 큰 아들인 당신의 교육에 투입한다면 그보다 더한 부모 역할은 없을 거라고 생각했을 것입니다. 자식을 키우는 일이 처음이라서 그랬을 수도 있고 당신이 살던 그 시대는 당연한 생각일 수도 있었을 것입니다. 지금도 그런 생각을 가진 부모들이 많습니다. 그래서 당신의 아버지가 충분히 이해가 되지만 당신의 입장에서는 힘들었을 수도 있다는 생각이 듭니다.

---

[1] 카프카, 『꿈 같은 삶의 기록』, 솔출판사, 387쪽.

그러나 당신은 장남이었고, 그래서 부모의 쏟아지는 과한 열정을 받았습니다. 저도 그랬습니다. 사랑이라는 이름으로 큰 아이에게 과하게 열정을 쏟았고 당연히 그래야 된다고 생각했습니다. 그렇게 하는 게 틀렸다고 생각하지 않았습니다. 아들이 어떤 생각을 하는지 물어보지 않았습니다. 지금 돌이켜 생각해보니 가장 후회가 되는 부분입니다. 저의 일방적인 아집으로 자식을 키워서 알게 모르게 상처를 주었을 것입니다. 돌이켜보면 잘해 준 건 기억이 안 나고 못해 준 것만 기억이 납니다.

당신의 부모님은 병적인 예민함과 불안감을 가진 당신을 단지 조금은 남들과는 다른 예민함이라 여기고 글쓰기 역시 취미 정도로 생각했으며 당신을 이해해주지 못했습니다. 그러나 어떤 부모도 전적으로 자식을 모두 다 알지 못할 것입니다.

카프카 당신이 어렸을 적 원했던 것은 돈을 많이 버는 능력 있는 부모가 아니라 부모님의 자상한 손길이 필요했을 것입니다. 그러나 가게 일로 바빴던 부모님은 그 일을 유모나 가정교사에게 맡길 수밖에 없었을 것입니다. 나이 든 당신의 아버지는 성인이 된 아들과 마음을 터놓으며 얘기하고 싶었고 자신의 일에 관여해 주길 바랐지만 어렸을 적부터 강압적인 언어폭력을 일삼았던 아버지에게 두려움과 공포감을 가진 당신은 가까이 다가가기가 힘들었을 것입니다.

『시골의사』를 아버지에게 헌정하면서 당신의 글 쓰는 작업을 인정해 주길 바라며 아버지와 화해하려는 노력을 했지만 오랜 세월동안 골이 깊었던 부자간의 앙금이 단시간에 없어지긴 어려웠을 것입니다. 어긋난 당신과 아버지의 관계가 아들 둘을 키우는 엄마의 입장에서 많이 안타까웠습니다.

> 제 글은 아버님의 관한 것이었습니다. 저는 이 글에서 단지 아버님의 가슴에 하소연할 수 없었던 것을 하소연했을 뿐입니다. 그것은 일부러 오래 끌어왔던 아버님과의 이별이었습니다. 그 이별이란 것이 비록 아버님으로부터 강요받은 것이기는 하지만 그러나 제가 정해 놓은 방향으로 흘러간 것입니다.2)

당신의 소설에는 아버지에 대한 이야기가 많이 나옵니다. 『선고』와 『실종자』 그리고 『변신』에서 부자간의 수직적인 관계에 저항하지 않는 아들의 모습이 당신의 모습처럼 나옵니다. 당신에게 너무 강한 존재였던 아버지를 현실에서는 도망치려 했지만 소설 속에서는 아버지로 인해 자신감을 잃고 죄의식에 시달리는 자신의 얘기를 들려주고 싶었을 것입니다. 그러나 역설적이게도 당신의 소설 저변에 흐르는 불

---

2) 같은 책, 571쪽.

안감과 죄의식은 아버지와의 관계가 좋았다면 나오지 않았을 것이라 생각됩니다.

당신이 평생 가졌던 불안과 두려움은 보통사람인 제가 가지는 불안과는 차원이 다릅니다. 30~40대를 아들 둘을 바르게 키우려고 노력하며 혹여 나쁜 길로 빠지지 않을까, 제가 생각하지 않은 다른 길로 가지 않을까 노심초사하며 보냈습니다. 50대인 지금은 시부모님 친정 부모님이 아프면서 혹시 그 분들이 잘못되지 않을까 하는 불안한 마음이 듭니다. 저 자신도 건강할 때 몰랐던 현실이 부모님들이 아프면서 저도 그 분들 나이가 되었을 때 두 아들에게 짐이 되면 어쩌나 하는 걱정과 두려움이 있습니다.

당신이 어떤 모습으로 아버지와 마지막 작별을 했는지 모르겠지만 아버지와의 화해로 당신의 마지막이 후회로 남지 않았기를 바라봅니다. 당신과 아버지의 관계를 보면서 저와 아버지와의 관계를 되돌아보았습니다. 제 아버지는 가족을 위해서 성실하게 일하시는 분이었지만 젊은 시절 배를 타시며 1년마다 집에 돌아오셔서 아버지와 함께한 경험이나 교감을 나눈 기억이 없습니다. 아버지가 제 곁에 없었던 시간만큼 지금도 아버지에 대한 거리감이 존재합니다. 그러나 강압적인 아버지 때문에 고통 받는 당신을 보며 아버지 세대의 살아온 환경을 이해하고 조금 권위적이시긴 하지만 나중에 후회가 남지 않도록 아버지에게 더 다가갈 수 있는 딸이 되어야겠다고 생각했습니다. 그리고 무엇보다 아들들이 가려는 길을 응원해주며 격려해 주는 현명한 엄마가 되도록 노력해야겠습니다.

성 밖의 성

바로 그때 나는 황제도 몸소 궁궐의 창문 안에서 바라보고 있으리라고 믿었다. 그는 전에도 한 번도 이 바깥 거처에 나온 적이 없으며, 언제나 가장 깊은 궁전 안뜰에서만 살고 있다. 그러나 적어도 내가 보기엔 이번에는 정말 그가 창가에 서서 머리를 떨군 채 자신의 궁궐 앞에서 벌어지는 일들을 바라보고 있는 것처럼 보였다.

"어떻게 되려나?" 하고 우리 모두가 자문해 본다. "우리가 얼마 동안이나 이 짐과 고통을 참아내야 될까?" 황제의 궁전은 유목민들을 유혹했지만, 그들을 몰아내는 방법을 알지 못한다. 궁궐 성문은 닫혀 있다. 예전에는 언제나 장중하게 안팎으로 행진하던 보초병도 감옥에 가 있다. 우리 수공업자들과 상인들에게 조국의 구원이 맡겨져 있다. 그러나 우리는 그러한 과제를 감당해 낼 수가 없다. 물론 그럴 만한 능력이 있다고 자랑해 본적도 없다. 그것은 하나의 오해이며 우리는 그것으로 인해서 몰락하고 있다.

―「낡은 쪽지」에서[1]

이 소설을 읽으면서 북방의 유목민들에게 삶의 터전이

---
1) 카프카, 『변신』, 솔출판사, 224쪽.

점령당하고 백성들이 고통을 받고 있는데 궁궐의 황제는 이 모든 상황을 머리를 떨군 채 지켜보고 있는 장면이 고려의 몽골 전쟁 때 왕을 비롯한 최씨 정권은 강화도로 피난 가고 백성들만이 남아 몽골군에게 짓밟히다가 힘을 합쳐 싸웠던 역사적 사실이 오버랩 되었다.

1231년 몽골군의 1차 침입 이후 몽골의 정치 간섭과 공물 요구가 하루가 다르게 심해져서 몽고와 일전을 벌이자 하는 명분으로 당시 실권자인 최우는 수도를 강화도로 옮긴다. 그러나 몽골의 침입으로 수도가 함락되지도 않은 상황에서 육지에 남아있는 백성들의 안전에 대해서는 산 속이나 성으로 피난하도록 명한 것이 전부였다. 이 말은 세계를 휩쓸던 잔혹한 몽골군으로부터 맨 몸으로 살 길을 찾으라는 말인 것이다.

대몽 항쟁 기간은 몽골군이 1차로 침입한 1231년부터 1254년까지 30년으로 잡는다. 이 기간 내내 전쟁이 일어난 것은 아니며 몽골군은 한 번 침입하면 평균 6~7개월 정도 고려 땅을 짓밟고 다녔으므로 전쟁이 일어난 기간만 11년이 된다. 몽골전쟁은 고려군과 몽골군이 맞붙어 싸운 전쟁이 아니라 일방적으로 짓밟힌 전쟁이었다. 탁월한 기동력과 약탈욕을 감안하면 그 어떤 전쟁보다 길고 고통스러운 전쟁이었다. 국가의 보호를 받지 못한 일반 백성들의 고충이 얼마나 힘들었을지 짐작할 수 있다.

육지에서 백성들이 몽골군의 말발굽에 살육을 당하고 있을 때 강화도의 왕을 비롯한 최씨 정권은 수십만의 중앙군을 전쟁에 거의 보내지 않고 강화도 주변을 엄호하며 그들의 정권을 지키기에 급급했다. 그리고 개경에 있을 때처럼 사치와 향락을 일삼으며 대장경을 만들어 백성들을 하나로 모아 부처의 힘으로 국난을 극복하고자 한다. 즉 이기기 위한 전략은 없고 몽골군이 알아서 물러나주기 바란 것이다.

무능한 고려 고종은 최씨 정권에 좌지우지 되었지만 자신의 현재 위치에 만족하며 고통 받는 백성들을 외면했으며 사치와 향락을 일삼으며 백성들에게 일방적인 희생을 강요했다.

소설의 황제가 백성들이 유목민들의 탄압으로 고통 받는 줄 알면서도 아무런 해결책을 제시하지 않고 창문에서 바라보고만 있는 것과 똑같은 상황이다.

결국 지배자가 무능력하게 자신들을 구원해 주지 않는다는 것을 알고 있는 수공업자들과 상인들은 조국의 구원이 자신들에게 맡겨져 있다고 생각한다. 그러나 그들은 그걸 감당할 능력이 없었다. 반면 몽골 항쟁기간 중 고려 백성들은 특히 과로한 세금 수탈에 시달리던 부곡민들과 천민들 그리고 승려들이 힘을 합쳐 몽골군에게 저항한다. 이 부분은 소설의 상인이나 수공업자들과 다른 점이다. 우리의 역사와 비슷한 상황이었지만 백성들이 대처하는 방식은 달랐다.

카프카는 20세기 초 사회의 부조리에 희생당하는 개인의 모습을 수공업자와 상인을 통해서 보여준다. 또 한편으로는 자신의 울타리가 되어주어야 할 가족 내에서 아버지의 가부장적인 권위와 폭력 속에서 보호받지 못한 아들로 밖으로는 독일계 유대인이라는 불안정한 위치의 이방인으로 살았던 자신의 모습을 보여준다.

카프카의 말기에 쓰여진 『성』의 K는 『낡은쪽지』의 수공업자와 상인보다 조금 더 적극적이고 투쟁적이다. 싸움을 통해서라도 성으로 들어가고자 한다.

> K는 귀를 쫑긋했다. 성에서 그를 측량사로 명했던 것이다. 그것은 한편으론 성에서 그에 대한 필요한 것을 다 알고 세력관계를 저울질해보고선 웃으면서 싸움을 받아 준 셈이기에 그에게 불리한 것이었다.[2]

고향을 떠나 떠돌이 생활을 하던 K는 우연히 성으로 들어온다. 성에 소속되어 규칙을 따르며 사는 마을 사람들은 타지 사람인 K를 외면하지만 그는 성의 이곳저곳을 돌아다

---

[2] 카프카, 『성』, 솔출판사, 13쪽.

니며 성 안으로 들어가려고 기회를 노린다. 성 안의 모습은 보여지지 않지만 성의 마을 사람들은 보이지 않는 권력구조에 충실히 따르며 그들의 상황을 별다른 불만 없이 받아들이며 살아간다. 그러나 K는 성에 복속되어 살아가는 삶에 만족하지 못한다.

독일계 유대인으로 그 어디에서도 안정적으로 속하지 못했던 카프카와 황제에게 구원 받지 못하고 버림 받은 상인과 수공업자와 오랜 떠돌이 생활을 했던 K는 서로 닮은꼴이다. K가 왜 성 안으로 들어가려고 고군분투 했는지 모르겠으나 성에 대한 끊임없는 도전은 그 자체가 의미 있고 가치 있는 일이라고 하겠다. 오로지 창작을 위해 은둔자로 살기 원했던 카프카 자신의 삶 자체도 끊임없는 도전을 필요로 했던 것이다.

카프카가 살았던 유럽은 백 년 전 18세기에 시민혁명이 시작돼 19세기에는 자유주의와 민주주의가 성공한 것처럼 보이지만 자본주의적 사회관계의 차별이 존재하고 있었다. 성 안의 사람들이 권력에 복종해 살아간다는 것은 진정한 자유주의가 형성되지 않았고 K는 그러한 삶에 만족하지 못한다.

그가 살았던 시대에서 개인은 체재에 희생당하는 나약한 존재에 불과했기 때문에 무능한 지배자에 의해 몰락할 수밖에 없었다. 그러나 우리의 역사에서는 몽골군에 대항해 싸우던 고려 백성들의 저항 정신이 조선시대 임진왜란과 항일 의병에 계승되어 나라가 위기에 처했을 때 무능한 군주보다 백성들이 들고 일어서 나라를 구했다. 일제강점기와 6.25 전쟁이라는 굴곡을 겪으면서도 우리가 민주적 사회를 이룰 수 있었던 것은 이런 저항 정신이 있어서 가능했다고 생각한다.

특히 20세기 근대화 과정에서 군부독재를 무너뜨리고 민주주의를 계승해 나갈 수 있었던 것은 이런 국민들의 역동성이 있어서 가능했고 지금의 민주화 된 사회를 이룰 수 있었다.

카프카를 읽으며 카프카를 만나다

 2019년 여름이 끝나갈 무렵 나는 카프카 문학 작품을 읽는 백년어 죽간독서모임에 참여하게 되었다. 백년어에 처음 간 건 아니었지만 다시 마주한 백 마리의 물고기들이 노니는 모습은 새삼스럽게 다가왔다.

 나에게 카프카는 학창시절 읽었던 『변신』의 작가라는 어렴풋한 기억을 되살리는 작가였다. 하지만 변신을 제외한 나머지 작품들은 솔직히 제목조차 딱딱함을 느끼게 하는 말들이라 이 난해한 작품들을 읽어나갈 수 있을까 하는 두려움이 들었다. 한편 이 기회에 카프카의 문학을 혼자서가 아니라 여럿이 읽고 다른 이의 생각을 들을 수 있는 새로운 기회라는 설레임과 함께 짧게나마 고민을 했던 게 사실이다.

 첫 작품으로 『변신』을 비롯해 단편집과 미완성 작품집, 『소송』, 『실종자』 그리고 『성』 등 3편의 장편소설을 읽어나갔다. 시간이 지날수록 카프카의 문학은 다가가기 어려운 내용임에도 불구하고 읽는 사람의 감정에 따라 다양한 해석이 나오는 매력이 있었다.

> 누군가 요제프 카를 모함한 게 틀림없다. 왜냐하면 무슨 나쁜 짓을 한 적이 없는데도 어느 날 아침 그가 체포되었으니 말이다.[1]

특히 기억에 남는 작품으로 『소송』은 첫 부분에서 강렬한 인상을 주는 작품으로 주인공 요제프 카가 왜 그런 황당한 처지에 놓여졌는지에 대한 설명도 없이 채석장에서 개 같은 죽음을 당하는 충격적인 마지막 장면은 일반적인 사고를 가진 나로서는 이해가 되지 않았다.

무엇보다 결말에서 법의 서문에 '착각'에 대해서 씌어있는 부분 중, '법 안으로 입장하는 것이 후에는 가능할지 모르지만 지금으로서는 불가능하다'라는 구절에서 카 스스로 죄의식을 고백하고 자신의 성찰을 통해 법 안으로 들어갈 수 있다는 것을 알았다. 카의 죄는 한마디로 인간으로 하여금 자신의 삶에 대한 책임과 이기적 행위에 대한 죄이자 자신의 그러한 죄를 스스로 받아들이지 않았던 점을 말하는 것이라 할 수 있다. 그 죄의식이야말로 법의 문으로 들어갈

---

1) 카프카, 『소송』, 솔출판사, 9쪽.

수 있는 안내자의 역할을 할 수 있기 때문이다. 이러한 자신의 죄를 깨닫지 못했던 카는 소송을 벗어나기 위해 발버둥 쳤지만 비참한 결말을 맞는다. 100년이라는 긴 세월이 지났지만 카프카의 『소송』은 관찰자적인 세밀한 묘사로 지금 읽어도 요제프 카의 한 치 앞도 내다볼 수 없는 암담한 현실을 생생하게 전해준다.

또한 『카프카의 일기』를 읽으면 카프카의 존재 이유가 무엇보다 글쓰기임을 알 수 있다. 그리고 글쓰기가 힘들 땐 호숫가를 산책하고 연극을 보며 카페에서 친구들과 토론을 하던 말끔한 양복과 중절모를 쓴 카프카의 모습도 떠오르게 한다. 무엇보다 카프카의 가족 간의 불화나 어머니에게 투정을 부리는 아들의 모습, 그리고 음악적 감각을 타고난 친구를 질투하던 평범한 청년의 모습을 통해 개인적인 삶이 그의 일기 속에서 잘 드러난다.

카프카가 성장한 프라하는 다양한 민족과 종교가 공존했으며 사회주의 혁명, 제1차 세계대전과 같은 격변하는 상황 속에 놓인 곳이었다. 카프카의 문학 또한 이 시기에 살았던 작가의 여러 가지 갈등요인들이 그의 작품으로 잘 그려졌다는 생각이 들었다.

글쓰기가 존재의 이유였던 카프카의 작품을 만나고 다소 이해하기 힘들었던 부분들이 그가 다양한 비유와 상징을 통해 표현하고자 했던 것을 여러 의미로 해석하면서 읽기의 묘미를 느끼게 했다. 마지막으로 내가 책읽기를 계속할 수 있도록 해주는 인상적인 편지의 한 구절을 인용하고자 한다. 이 편지는 카프카가 김나지움에서 만난 오스카 폴락에게 쓴 것이다.

> 우리는 다만 우리를 깨물고 찌르는 책들을 읽어야 할게야.
> 만일 우리가 읽는 책이 주먹질로 두개골을 깨우지 않는다면, 그렇다면 무엇 때문에 책을 읽는단 말인가? …(중략)…
> 책이란 우리 내면에 존재하는 얼어붙은 바다를 깨는 도끼여야 해, 나는 그렇게 생각해.[2]

---

2) 카프카, 『행복한 불행한 이에게』, 솔출판사, 67쪽.

김수우

여기는 어디쯤일까. 그는 어디쯤 가고 있을까.
한참을 따라왔지만
아직 보이지 않는, 그 먼 옛사랑이 있어
그저, 다행이다.

「굴」, 고독과 불안이 엿듣는 소리의 미로

카프카의 귀

 카프카의 귀는 유난히 큰 편이다. 우리에게 남겨진 몇 장 사진들은 그의 큰 귀를 보여준다. 귀. 그 청각. 카프카의 귀는 마치 심연을 향해 열린 물음표와 같다. 그 귀들은 왠지 그의 예민함을 닮은 듯하다. 깊이 들을 때 내 안과 밖의 타자에게 응답할 수 있는 것처럼 카프카의 귀는 소리의 떨림에 부딪치면서 실존에 응답한다. 물론 레비나스가 말한 타자의 호소를 들을 수 있는 경청과는 차이가 있지만, 그 소리의 질문에 응답해야 할 '무한한 책임의 주체'라는 점에서는 의미가 같이 작동한다. 삶은 끊임없이 모순 속으로 부유浮游하지만 어떤 울림에 귀를 기울이는 일만이 모든 부조리와 불화를 직면하게 한다는 것이다.

소리는 어떤 근원처를 찾아 거슬러 오르는 힘이다. 동시에 얼룩진 왜곡과 허영을 넘어서려는 어떤 본성을 자각시킨다. 소리가 해체의 한계를 넘어서는 원시반본原始返本의 세계라는 말이다. 소리는 어떤 알갱이로 나누어지지 않는다. 입자도 아니고 개념도 아니고, 어떤 시간도 공간도 아니다. 소유도 없고 이유와 목적도 주체도 없이, 하나의 벌건 틈으로 우리를 균열시킨다. 그저 흐름이자 하나의 울림인 소리는 귀에 닿아서야 실상을 독촉하는 명령어가 된다. 소리 자체는 본래 의미가 없지만 울림은 관계를 만들고, 관계를 통해 소리는 기호화되지 않는 의미가 된다. 카프카가 소리에 예민한 것은 바로 관계와 그 실존에 대한 응답 의지가 강하다는 말이 아닐까. 그래서 소리는 그에게 질긴 응답을 요구하는 일종의 괴롭힘이었다. 불안과 소외의 근원이기도 한 것이다.

쓰라린 고독이 만들어내는 소리는(「변신」, 「굴」) 늘 무력한 자아를 괴롭힌다. 압박과 소외는 출구 없는 적막함과 맞닿아 있다. 길이 끝나는 모든 지점에서 그는 소리에 시달린다. 다른 물질과 달리 개념화시킬 수 없는 울림과 떨림. 그 청각은 소통을 지향하지만, 카프카에게 있어서는 소리는 어둠에 잠식된 소통, 그 부재를 확인하는 울림이다.

카프카 작품 속에는 끝없는 고독과 소외가 모든 상황에 중첩적으로 나타난다. 주인공이 기대는 기둥들은 모두 안개로 되어 있다. 영원히 가닿을 수 없는 실재의 양식과 같은 그의 언어를 따라다니면 우린 언제나 길을 놓치고 아무 데도 닿지 못한다. 어미가 당부하며 쥐어준 실끝을 놓친 아이처럼 목적지에는 가닿을 수 없다. 오히려 악몽처럼 소리쳐도 목청 울리지 않는 절규 속에 갇힌다. 그래서 어두운 회색 지역, 굴이나 법원, 성 주변과 같은 미로를 헤맨다. 그럴수록 그는 어떤 방향을 향하여 늘 귀를 기울일 수밖에 없었다.

> 그러나 그레고르는 훨씬 더 침착해졌다. 다른 사람들은 그의 말을 더 이상 알아듣지 못했다. 그러나 그는 귀에 익은 탓인지 자신의 말이 아까보다 훨씬 더 명료하다고 여겼다. …(중략)… 옆방은 그동안 조용해졌다. 부모님이 지배인과 식탁에 앉아 귀엣말을 하고 있는 걸까. 아니면 모두들 문에 기대서 엿듣고 있는 걸까. …(중략)… 그레고르는 직접적으로 아무 소식도 들을 수 없었지만, 옆방으로부터 무언가 엿듣기도 했다. 그래서 말소리가 들리면 즉시 소리나는 쪽 방문으로 달려가 온몸을 거기에 댔다. 특히 초기엔 은밀히 이야기를 했는데, 그에 관계되지 않는 얘기는 없었다.[1]

> K는 귀를 기울였다. 성이 그를 측량사로 임명했던 것이다.[2]

---

1) 카프카, 「변신」, 『변신』, 솔출판사, 133쪽.
2) 카프카, 『성』, 솔출판사, 13쪽.

> 수화기에선 K가 전화할 때 한 번도 들어본 적이 없는 윙윙 소리가 났다. 그것은 마치 무수한 아이들의 와자지껄한 소리 같았는데 …(중략)… 바로 이 윙윙거림에서 희한하게도 높으면서 강한 소리 하나가 만들어지는 듯했다. 그것은 애꿎은 귀만 더 깊이 파고들려는 듯 귓전을 두드리고 있었다. K는 왼팔을 전화 받침대에 올려놓은 채 통화는 않고 귀만 기울이고 있었다.[3]

카프카는 끊임없이 귀를 기울인다. 「변신」에서 갑충이 된 화자는 계속 문밖을 엿듣고 있다. 그의 청각은 이렇게 틈을 향한 응시였다. 『성』에서 성 아래에 도착한 측량사 K는 처음부터 성에서 걸려온 전화를 엿듣는다. 그리고 자신의 존재를 확인받고자 전화에 귀를 기울인다. 모든 귀 기울임은 그가 고독한 방랑자임을 확인해주며 K가 결코 성에 들어갈 수 없으리라는 것을 암시한다. 그가 확인하고자 하는 것은 자신의 실존이었다. 하지만 확인하고자 할수록 미로가 되는 길. 의심과 믿음은 흘러가는 물과 같다. 한순간도 멈추거나 고정되지 않는다.

귀 기울임은 무언가를 기대하는 행위이다. 때문에 그 쫑긋함은 삶에 대한 성실함과 절실함으로 가득할 수밖에 없다. 끊임없이 문 바깥쪽으로, 전화 너머로 날카롭게 세운 엿들음 자체는 존재 자체를 향한 간절함이었다. 최선의 방

---

3) 카프카, 『성』, 솔출판사, 30쪽.

책으로 귀를 기울이지만 소리는 자신 안에서 울림과 떨림을 만들어냄과 동시에 언제나 소통의 부재를 확인시키는 도구가 된다. 그 흔들림이 만든 불안은 구원을 향한 열망을 낳는다. 그래서 바깥을 엿듣고자 하는 그의 귀 기울임은 절망과 희망의 몸짓을 모두 안고 있다. 기대도 공허도 안개처럼 희미하다. 소리의 본질이 그러하듯 허상만 흩뿌려놓는 바람이 되고 만다.

굴, 카프카의 소외와 불안

1923년 12월 즈음에 쓴 「굴」은 사망하기 불과 6개월 전에 쓴 미완성 작품이다. 「굴」은 카프카 글쓰기의 은유라고 평가된다. 낮에는 직장에 다니고 밤에는 거의 날을 새며 글을 썼던 그에게 굴을 파는 것은 존재 확인의 수단이었을 것이다. 화자인 한 동물은 지하에 자신만의 굴을 판다. 전체 계획을 세우고 '성의 광장'을 중심으로, 복잡한 통로가 사방으로 연결된 굴을 완성하고 입구는 철저하게 위장한다. 굴 안에 구축한 그의 '리좀'은 카프카가 추구한 고뇌와 모험을 그대로 반영한다.

밤마다 굴을 파내려가 몸을 웅크려 누울 공간을 만든다. 먹을 것을 저장한다. 열심해 새로운 미로를 구축하고 미래의 안정을 계획한다. 굴을 파는 이유를 카프카는 추적자를 피하는 데 있다고 말한다. 추적자란 누구일까. 아버지와 아버지로 상징되는 세상의 법, 세상의 모든 억압이, 모든 관료와 자본주의, 그리고 끝없는 죄책감이 그에게는 추적자였을까.

> 나의 잠을 깨우는 것이 옛 시절의 습관인지 아니면 이 집 역시 지니고 있는 위험들이 상당히 크기 때문인지는 모르겠지만 나는 규칙적으로 문득문득 깊은 잠에서 깨어나 밤이나 낮이나 변함없이 이곳에 가득 깔린 정적을 엿듣고 또 엿듣다가는 안심하여 웃고 그러고 나면 전신에 맥이 풀려 더욱 깊은 잠에 빠진다.[4]

그는 정적을 엿듣는다. 엿듣다가 안심하고, 지쳐 잠들었다가 또 다시 깨어나 불안을 헤맨다. 엿듣는다는 것은 끝없는 의심과 위기를 전제로 한다. 엿듣기 시작하면 세계는 미세한 소리를 낸다. 이는 더 큰 엿들음을 필요로 하고 세계는 더욱더 미세하게, 더 빈번히 울림을 낸다. 이러한 회의는 세계의 강에 던져진 차돌처럼 파문을 점점 크게 만들고, 파문은 점점 큰 원을 그리며 우주를 의심하게 한다.

---

4) 카프카, 「굴」, 『변신』, 솔출판사, 678쪽.

그럴수록 우리는 그 울림에 다시 귀를 세울 수밖에 없는 실존을 확인한다. 결국 엿듣는다는 것은 비극적인 질문이기도 한 것이다. 굴, 그 소리의 미로는 그런 점에서 불안한 의식, 불확실한 전체의 반영이다. 그것은 보이지 않는 데서 우리를 깨운다. 모래시계 안에서 흐르는 시간처럼. 도무지 접근할 수 없는 '성'이나 실체를 만날 수 없는 '법'은 우리로 하여금 귀를 기울이게 하는 심연의 어둠이다. 그렇게 소리는 우리 안과 바깥에 존재하는 모든 틈들을 깨우고야 마는 것이다.

저절로 풀려나는 잠에서 비로소 나는 깨어났는데, 잠이 이미 몹시 얕은 상태에 있었나 보다. 그 자체로서는 거의 들리지 않을 사각사각하는 소리가 나를 깨웠으니 말이다. 나는 즉시 알아차렸다. 내가 너무 감시를 소홀히 하고 너무나 그대로 방치해둔 작은 동물이 내가 없는 사이에 어딘가 새 길을 뚫어, 그 길이 이제 오래된 길 하나와 만나 막혔던 공기가 통함으로써 생기는 소리였다. …(중략)… 통로들은 고요해야만 한다. 그 이 소리는 상당히 무례한 것이니, 내가 왔을 때 그 소리가 이미 났을 텐데도 그것을 전혀 듣지 못했던 것이다. …(중략)… 나는 소리나는 장소에 가까이조차 가지 못하는데, 희미한 소리는 변함없이 규칙적인 간격을 두고 계속 울린다. 어떤 때는 사각사각하는 소리 같기도 하고 어떤 때는 휘파람 소리 같기도 하다. …(중략)… 똑같은 사각사각 소리가 여기에서도 정말 들리기 때문이다. 저것은 아무 것도 아니다라고 나는 종종 생각한다. 나말고는 아무도 듣지 않을 것이다. 물론 나는 소리를 연습으로 날카로워진 귀로 점점 더 똑똑하게 듣는다. …(중략)… 소리 중심이 둘이 있어 내가 지금까지 다만 그 중심들에서 멀리 떨어져 귀를 기울였고 그리하여 내가 하나의 중심에 다가가면 그것을 소리를 듣기는 하나 또 다른 중심의 소리가 줄어듦으로써 전체 결과는 듣기에 늘 대체로 같게 마련이었을 가능성도 있기는 했다. 어느덧 나는 자세히 귀를 기울여보면, 비록 아주 희미하게나마 이 새로운 가정에 부합하는 음의 차이를 알아듣는다고 거의 믿었다 …(중략)… 그래서 나는 통로를 아래쪽으로, 성곽 광장까지 내려가 거기서 귀를 기울이기 시작한다 – 기이하게도 여기서도 같은 소리이다.[5]

「굴」에는 존재의 모든 감각이 송충이 털처럼 일어서 있다. 촉각, 시각, 후각, 미각, 청각까지. 이 모든 감각은 잠들고 꿈꾸고, 살아내어야 할 구원의 형식으로 작동한다. 모든 감각을 통해 그는 평화를 추구한다. 그러나 그 중에서 청각은 매우 불안한 요소로 다가온다. 어떤 깨움, 어떤 자각. 함부로 평화로울 수 없는 어떤 깨달음이 그를 괴롭히기 시작하는 것이다. 보이지 않는 데서 번지기 시작하는 그 울림은 끊임없이 엿들을 수밖에 없는 상황으로 존재를 몰아간다.

굴은 단순한 거주가 아니라, 외부의 침입으로부터 자신을 구원하고자 설계하고 구축한 공간이다. 하지만 그는 그 방어에 대해 늘 의심한다. 어느 날 듣게 되는 정체를 알 수 없는 소리. 자신을 향해 파고들어오는 어떤 위협. 진원지를 밝히려고 애를 쓰지만 사방으로부터 들려오는 그 사각거리

---

5) 카프카, 「굴」, 『변신』, 솔출판사, 701쪽.

는 소음의 진원지를 알 수 없다. 그 순간 혼자만 누리는 평화의 장소였던 굴은 침입자들로부터 지켜내야 할 투쟁의 공간이 된다. 자신을 향해 굴을 팠지만 굴 안에서 그는 그 무엇도 신뢰할 수 없다. 믿을 수 있는 것은 소외된 자신뿐이다. 작업을 계속하는 동안 비판 감각은 차츰 예리한 톱날이 된다.

> 무엇보다도 그 소리가 사방 어디서나 들리며 언제나 같은 크기일 뿐만 아니라 그 밖에도 밤낮으로 들린다는 것, 확실히 처음에는 어느 편이냐 하면 작은 동물들로 가정하는 쪽으로 마음이 기울 수밖에 없었으나 …(중략)… 나는 아무데나 열 군데에서 귀를 기울이는데 착각을 똑똑히 알아차린다. 그 사각사각 소리는 똑같고, 아무 것도 달라진 것이라곤 없다. 저 너머에는 아무런 변화가 일어나지 않고, 거기 사는 이들은 조용히 시간을 초월해 있는데, 이곳 귀 기울이는 자에게는 순간순간이 요란하게 진동하고 있다.[6]

모든 소리는 외재와 내재가 겹쳐진 미로이다. 외부의 소리는 동시적으로 안에서 울리는 반향을 품고 있기 때문이다. 카프카에게 나타나는 소리 또한 내부의 독촉과 외부의 독촉 양면을 다 가지고 있다. 소리가 가진 다성성은 존재의 불안을 일깨우는 기계로 카프카에게 작동한다. 조용해 초월해 있는 시간마저도 귀를 세우는 순간 요란한 진동이 되는

---

6) 카프카, 「굴」, 『변신』, 솔출판사, 716쪽.

것이다. 이 불안들은 언제나 전체 상황을 흔들어대는 역할을 한다. 사각사각하는 소리, 화자는 소음의 근원을 찾아가지만, 어디에도 닿지 못한다. 그 소리는 길을 잃는다. 그 상실은 끊임없는 소외를 상기시키고 실존을 기억하게 한다. 카프카의 자전적 색채가 드러나 있는 단편「굴」. 글을 쓰려는 조바심, 글을 써야 한다는 강박감, 더 깊은 데를 보려는 모든 열망과 갈증은 백 년이 지난 오늘도 모래처럼 흐르며 사각거린다.

'사각사각'대는 소음으로 자신의 실존을 끊임없이 의식하는 것은 언어로 정의될 수 없는 실재의 틈이다. 인간에게 부조리란 모랫가루 날리는 것과 같은 그런 미세한 울림이 아닐까. 시지프스가 들어올리는 거대한 바윗돌처럼 장엄한 비극적 서사가 아니라, 들리다가 문득 잊고, 잊고 있으면 또다시 우리를 갉아대며 신경증을 일으키는 세포 말이다. 그렇게 우리 안에 함께 살고 있는 괴물들이 나를 불러내는 무한한 틈인 것이다.

굴은 어쩌면 출구가 없는 21세기의 일상을 향한 예언인지도 모른다. 그렇다면 굴은 현대인이 직면한 구원의 불가능성을 보여준다. 시간이 지날수록 굴은 복잡해지고 통로는 많아진다. 사각사각, 끊임없이 자신이 굴 파는 소리, 다른 존재들이 굴 파는 소리도 듣는다. 굴을 소유한다는 것은 그 불안의 소리를 계속 엿들어야 하는 일상을 감당하는 것이다. 그 소리를 들으면서 자신이 만든 굴이 평화가 아닌, 삶에 대한 근원적인 공포로 가득함을 깨닫는다.

카프카에게 굴이 글쓰기의 은유이고 그 소리가 끊임없이 실존을 일깨우는 불안이라면, 현대인에게 굴은 어떤 불안일까. 모든 불안은 현대인에게 보험의식으로 작동하는 것 같다. 불안할수록 아무 것도 믿을 수 없어지고 보험만 자꾸 들면서 자본주의로 자신을 위안한다. 카프카가 보험회사에 근무했다는 사실과 21세기 보험 급증현상이 중첩되는 게 참 이상한 아이러니로 다가온다. 그 어떤 것도 신뢰할 수 없는 사각거림 속에서 보험은 무수한 궁리를 대변한다. 왜 현대인은 보험을 여러 개씩 드는 것일까. 다양한 종류의 보험을 든다면 '사각사각' 나는 존재를 의심하는 소리는 안 들릴 거라고 믿는 걸까.

소리, 보이진 않는 심연

소리는 갖가지 형태로 카프카의 주변에 병풍처럼 펼쳐져 있었다. 서류를 뒤적이는 소리, 책상을 여닫는 소리, 타자기 소리 등 각종 생활소음은 그를 매우 쫓기게 만들었던 듯하다. 소리 속의 일상은 그 어느 것도 소통으로 연결되지 못했다. 씨줄과 날줄처럼 짜여져 있는 불안은 카프카를 극단의 글쓰기로 몰았고, 소음은 언제나 그를 더욱 고통스럽게 만드는 기제였다. 하지만 그는 절망적인 소리를 통해 오히려 진실을 관통하고 있는 게 아닐까. 만족이 아니라 불행을 통해 실재계를 들여다보듯이. 1922년 1월 20일자의 일기 한 부분에서 카프카는 소리가 '참을 수 없이 불행할 때만 나 자신의 진실'과 마주하는 고요를 만들어냄을 고백하고 있다.

> 나는 글을 쓰고 싶다. 이마에 끊임없는 전율을 느끼면서. 나는 온 집안이 소음으로 뒤덮인 본영本營의 내 방에 앉아 있다. 모든 문의 여닫는 소리가 들린다. 이들 소음을 통해 문들 사이로 뛰어가는 사람들의 발소리만 내게 남겨진다. 부엌에서는 화덕 문들이 탁 하고 닫히는 소리가 여전히 들린다. 아버지는 내 방문을 열어젖히고 저녁 가운을 질질 끌며 통과하고 있고, 옆방 난로에서는 재 긁는 소리가 난다. …(중략)… 나에게 익숙해 있는 쉿 하는 소리 때문에 대답하는 소리가 한층 높아진다. 갑자기 거실 문소리가 짧게 울리고 가래 끓는 목소리에서 나는 듯한 소음이 들리더니 짤막한 노래를 부르는 여자의 목소리와 함께 거실 문이 열리고 전혀 거리낄 게 없다는 듯이 문을 밀치는 남자의 둔중한 소리와 함께 문이 닫힌다. 아버지가 나가자 이제 부드럽지만 더 어지럽고 더 절망적인 소음이 시작된다.[7]

---

7) 이주동, 『카프카 평전』, 소나무, 148-149쪽.

조금 더 조용해짐. 그것은 얼마나 필요했던가. 조금 더 조용해지자마자 거의 너무 고요할 지경이다. 그것은 마치 내가 참을 수 없이 불행할 때만 나 자신의 진실된 감정을 얻을 수 있는 것과 같다.[8]

이 불면증은 단지 내가 글을 쓴다는 사실에서만 생긴다고 생각한다. 왜냐하면 내가 글을 이렇게 조금만 쓰고 이렇게 시원치 않은 글을 쓰기 때문이다. 하지만 나는 이런 작은 흔들림 때문에 예민해진, 그리고 특별히 저녁 무렵에, 아침에는 훨씬 더 많이, 고통을, 즉 나를 활짝 열어젖히는 상태에 근접해 있다는 가능성을 느낀다. …(중략)… 그러고 나서 나는 내 안에 있고, 내가 명령을 내릴 시간도 없는 일반적 소음 속에 어떤 안식도 얻지 못한다. 결국 이런 소음이란 억압되고, 자제된 조화일 뿐이다.[9]

'이마에 전율을 느끼는 글쓰기'를 추구한 카프카에게 소리는 불안이고 심연이다. 끊임없이 주변의 모든 문이 열리고 닫히는 소리의 풍경을 떠올리는 것만으로 우리 안에 어떤 분열이 일어나는 느낌이다. 그가 살았던 방은 소음의 본영이었다. 쉿! 하는 소리에 익숙해지지만 그래서 소음은 더 높아지고 절망적이 된다. 소통의 불가능성, 의도적으로 만들어진 소음에만 반응하는 인간은 자본주의 사회가 만들어낸 또 하나의 부조리일 것이다. 소리의 결 하나하나는 언제나 혼돈과 함께 자각을 가져오면서 불가능성이란 파문을 만

---

8) 카프카, 『카프카의 일기』, 솔출판사, 716쪽.
9) 같은 책, 45-47쪽.

든다. 허무할 수밖에 없고, 불면증에 시달릴 수밖에 없으면서도 카프카는 다시 귀를 기울인다.

> 저 위의, K가 오늘 중 닿았으면 하고 바랐던 성은 이상하게도 벌써 어둑해져 다시 멀어지고 있었다. 그런데 거기서 종소리가 마치 그에게 한동안 못 보게 된다는 표시라도 보여야 한다는 듯 신나게 울렸는데, 바야흐로 그가 막연하게 바라 마지않던 것이 이루어지고 있다는 듯 적어도 한 순간은 가슴을 뒤흔드는 -왜냐하면 울리는 소리가 애처롭기도 했기 때문에- 종소리였다. 그러나 그 큰 종도 곧 소리를 그쳐 약하고 단조로운, 위에 있는 것도 같고 마을에 있는 것도 같은, 작은 종이 그 소리를 대신했다.[10]

성에 들어가는 일은 그저 미로만 탐색하는 일에 불과하듯, 소리는 소통은 언제나 불가능하다는 것을 암시한다. 기괴함과 비웃음 또는 엿듣기를 강요하는 소리로 인해 삶은 그림자놀이처럼 끊임없이 해체된다. 화살처럼 심장을 꿰뚫는 고독. 어리석게도 나락으로 떨어진 모든 영혼들은 그 고독이라는 창을 통해 자신을 다시 엿듣고 싶어한다. 애초부터 카프카는 실재에 이를 수 없는 주변적 진실을 보고 있었으리라. 닿을 수 없는 그 실재에서 종소리만 들려온다. 신나거나 애처로운 종소리를 들으며 우린 계속 가야 할 곳을 기억해내지만 그곳은 정확하지 않다. 아마도 그곳을 정확히

---

10) 카프카, 『성』, 솔출판사, 25쪽

이해하거나, 스스로 답을 안다면 그땐 이미 죽음에 도착한 이후가 아닐까.

하지만 우리는 시도를 반복한다. 모든 노력을 반복하고, 반복되는 절망 속에서 종소리를 듣는다. 종소리는 우리에게 한계를 짚어준다. 나에게 보내진 종소리지만 나를 밀어내는 음파들. 자기 파괴를 영원히 반복하면서 무한 의식의 자유에 도달하려는 순수한 시도를 닮았다. 자유란 그저 무한한 시도에 불과할지 모른다. 시지프스가 자유로운 순간은 언제일까. 굴러 떨어지는 바위를 바라보는? 바위의 길을 따라 내려오는? 어쩌면 멍든 어깨로 바위를 밀어올리는? 외부에서 들리든 내면에서 울리든, 모든 떨림에 귀를 기울이며 자기 존재를 묻는 불안한 소리들이 오히려 자유를 암시한다. 귀 기울임 자체가 바로 그에 대한 응답이며, 그 고독이 바로 책임인 것이다. 죽음의 경계를 넘을 때까지. 그렇다면 소리를 듣지 못하는, 응답도 책임도 느끼지 못하는, 불안도 소외도 외면하는 자본화된 인간은 행복한 걸까. 사물화된 영혼은 소리를 듣지 못 한다.

자신의 내면에서 타자화된 고독과 불안이 귀를 기울이는 모든 순간을 카프카는 따라간다. 고독과 불안은 이미 지식으로 해석될 수 없는 근원적인 미로이며 실존의 조건임을 이미 감지한 까닭일 것이다. 그렇다면 아무리 해도 완성될 수 없는, 완성되지 않는 이 삶이 그다지 억울할 것 없겠다. 미완, 불안, 혼돈이 자유이다. 설명되지 않는, 의미가 부여되지 않는 빈 공간. 거기서 인간은 인간임을 증명할 수 있지 않을까.

결국 인간이 인간임을 추구해온 자유란 결과가 아니라 틈이다. 미완과 혼돈의 아름다움에 익숙해질 필요가 있다. 이성적인 시도의 무용함, 삶의 불합리성, 그 모든 한계에도 불구하고 해결불가능한 문제에 대한 의지는 하나의 투구投球이다. 다른 방정식으로 도달할 수 없는, 무한히 반복되는 자기파괴를 통하여 무한으로 나아가는 힘 말이다. 그 과정에서 우리는 소리를 듣는다. 모든 부조리와 비논리를 깨닫는 순간이기도 하다.

한때 카프카를 사랑했던 밀레나는 카프카의 죽음을 추모하면서 이렇게 쓰고 있다.

> 그는 아무런 방어책도 없는 한 인간을 쓰러뜨리는 눈에 보이지 않는 악마들로 채워진 이 세상을 보았습니다. 그는 혜안을 가진 인간이었으며, 삶을 꾸리기에는 너무도 현명했으며, 더욱이 그런 세상을 헤쳐 나가기엔 너무나 연약한 인간이었습니다. …(중략)… 그의 모든 작품은 인간으로 하여금 죄책감을 갖게 하는 기인한 오해와 규정할 수 없는 실수에 대한 공포를 불러일으키고 있습니다. 그는 너무도 양심적이어서 다른 인간들이, 귀머거리들이 이미 확실하다고 느끼고 있는 바로 그 점에서조차도 여전해 경계를 늦추지 않았던 양식을 부

여받은 한 인간이었으며 예술가였습니다.[11]

  왜 그녀는 '다른 인간들'을 '귀머거리들'과 같이 사용했을까. 결국 카프카가 귀머거리로 있지 않으려 노력했다는 것, 모든 죄책감에 경계를 늦추지 않았다는 것을 다시 말하고 싶은 것이리라. 밀레나의 언어들은 우리가 카프카의 세계에서 무엇을 찾아가야 하는지를 선명한 표지가 되어준다. 카프카의 난해함을 이해한다는 것은 잔인하고 고통스러운 양심을 발견하는 일이다.

  코로나 팬데믹 속에서 새로운 불안이 인류를 에워싸고 있다. 우린 방향을 찾는다. 소리에 귀를 기울인다. 우리는 계속 불안하다. 불신이 가시풀처럼 가슴 밑바닥에서 자란다. 하지만 이제쯤 눈치를 채야 한다. 아무리 해도 이 삶은 완성되지 않는다. 그저 다시 시도할 뿐이다. 거기에 모든 자유가 있다. 카프카가 갇힌 자리, 우리도 갇힌다. 그가 바라본 하늘, 그가 바라본 신화, 우리도 바라본다. 그를 위로하고 우리를 위로하기 위하여. 우린 서로 최선을 다할 뿐이기에. 갑충이 된 그레고리 잠자가 끝까지 자신의 현실과 세계의 모든 부조리에 충실했던 것처럼. 어디선가 번져오는 '사각사각', 그 불안을 따라가는 수밖에 없다.

---

11) 카프카, 『밀레나에게 쓴 편지』, 솔출판사, 437쪽.

반정립과 구원으로서의 글쓰기

부조리를 경험한다는 것

보통 카프카의 상상력과 환상은 난해하다고 말한다. 하지만 해석적 의미를 벗어나 심오한 즐거움으로 그의 환상을 마주볼 수 있다면 이는 오히려 행운이 아닐까. 그의 생애는 짧았다. 그는 사십 평생을 프라하 구 시가지에서 보냈다. 독일어권 몇몇, 유럽 몇 나라들을 다닌 소박한 여행을 빼면 말이다. 하지만 그는 시공을 뛰어넘는 무한한 세계를 살았다. 영혼과 무의식을 깨우는 광대한 환幻을 책장처럼 뒤적인 것이다.

문학에 자신의 영혼을 걸었지만 카프카는 친구 막스 브로트에게 모든 원고를 불사를 것을 유언으로 남긴 불가해한 작가로 그는 남았다. 아래 고백은 모험하고자 했던 진실을 직시한 대답이다.

> 모든 게 환상이다. 가족, 사무실, 친구들, 거리, 모든 게 환상이다. 먼 것이건 가까운 것이건, 여성은 가장 가까운 환상이다. 그러나 진실은 네가 창문도 문도 없는 작은 방의 벽에 머리를 눌러대는 것에 불과할 뿐이다.[1]

왜 그가 막스 브로트에게 원고 파기를 당부할 수밖에 없었는지 알 것도 같다. 모든 幻 속에서 진실이란 벽에 머리에 찧은 일에 불과하고, '도대체, 무엇을, 왜'가 안개처럼 희미할 뿐이라면 글쓰기 또한 환상일 뿐이기에. 하지만 막스는 그의 당부를 듣지 않았고, 카프카가 투쟁한 실존의 모험과 그 응시를 우리에게 남겼다. 그리고 그의 삶과 꿈 그리고 글쓰기는 오늘날도 복잡한 미로 속으로 우리를 내던져 당황시키고 있다. 어떠한 해설도 명료하게 설명해내기 어려운 그의 문학은 우리에게 끊임없는 질문으로 작동한다.

1883년에 태어난 카프카는 매우 독선적인 아버지의 명령과 훈계 밑에서 성장했다. 여섯 살에 입학한 독일 소년초등학교는 하나의 억압이었다. 자긍심이 부족한 그에게 학교 규율은 적응할 수 없는 부조리였다. 엄격한 위계질서는 늘

---
1) 이주동, 『카프카 평전』, 소나무, 8쪽.

두려움의 대상이었다. 이후에 진학한 김나지움도 개인의 창조적 능력보다 관료적 위계질서를 우선시했다. 학교가 가르친 것은 '의무 이행'이었다. 엄격한 규정과 시험들은 카프카를 더 소심하게 만들었다.

> 모든 인간은 각자 고유하며, 그 고유성을 발휘하도록 되어 있다. 물론 각자의 고유성에서 좋은 것을 찾아내야 한다. 그러나 내가 경험한 바로는 학교도 가정도 이 고유성을 지우려고만 노력한다. 그렇게 해야 교육이 수월해지고 아이의 삶도 수월해졌다. …(중략)… 그렇듯 나의 고유성은 인정되지 않았다.[2]

체코 출신의 유대인이었지만 독일어를 사용했던 그는 출신과 언어에서 오는 차이와 강압적인 가정환경으로 인해 자신의 정체성에 오래 시달렸다. 가부장적이며 자수성가형이었던 카프카의 아버지는 어린 시절부터 병약하고 감성적이었던 아들을 이해하지 못했다. 세 명의 아들 중 살아남은 마지막 아들에 대한 기대와 동시에 유약함에 대한 실망은 정서적 학대로 이어졌고 카프카는 가족 중 누구에게도 온전히 받아들여지지 못한 고독한 삶을 살았다. 그의 난해성은 이 '부조리'를 경험한 시간에 뿌리를 두고 있다. 소설과 수많은 일기와 편지들은 낱낱이 그 부조리한 현실의 실핏줄까지 투

---

2) 같은 책, 46쪽.

명하게 비추고 있다.

아버지의 뜻에 따라 법학을 전공한 카프카는 보험회사에서 법률 자문으로 일하면서 사회적 약자들을 위해 글을 쓰기도 했고 노동자들의 권리를 위한 소소한 활동을 펼치기도 했다. 이런 과정에서 부당한 현실에 고통 받는 사람들을 보며 사회에 만연한 부조리를 직시하게 된다. 자본주의 모순 속에서 가치를 상실한 개인의 무력함은 카프카 자신의 일상에 그대로 적용되었다. 특히 그는 피부에 닿는 '사회적 소외감'에 집중하면서 개인 특유의 분위기를 만들어냈다. 소외와 불안은 매우 섬세하고 감성적인 카프카를 불확실과 불신으로 짓눌렀고 동시에 유용성의 세계에 다가가기 힘든 고립된 존재로 만들었다.

카프카는 일찍부터 다양한 책에 관심을 가졌고, '독서 열망'을 자신의 고유한 특성으로 간주하기 시작했다. 독서의 환상과 영감은 문학에 대한 관심으로 이어졌고, 글쓰기는 자신을 탐구하는 방식이 되었다. 9살 때 희곡을 썼다고 하지만 김나지움에 있으면서 카프카는 열정적인 글쓰기를 시작했다. 열세 살 무렵 그는 이미 장래의 꿈을 작가라고 고백하고 있다. 하지만 이 고백은 '갇힌 자'의 절망으로 연결되었다.

어제는 한 단어도 쓸 수 없었다. 오늘 역시 더 낫지는 않다. 누가 나를 구원할까? 그리고 내 마음 깊은 속에서도 엎치락뒤치락하는 그 어떤 혼돈도 거의 볼 수 없다. 나는 살아 있는 격자 쇠창살이며, 고정되어서 넘어지려는 쇠창살이다.[3]

감옥이라면 그는 오히려 적응했을 것이다. 갇힌 자로 끝나는 것-그것이 삶의 목표였을 것이리라. 그러나 그것은 창살로 된 우리였을 뿐이다. 무관심하고, 교만하며, 마치 제 집에 앉아있는 듯 창살을 통해서 이 세상의 잡음들이 몰려 들어오고 또 몰려 나갔다. 그 갇힌 자는 원래 자유로웠고, 모든 것에 참여할 수 있었고, 외부 세계의 어떤 것에 대해서도 놓친 적이 없으며, 그 우리를 떠날 수도 있었을 것이다. 창살 간격은 정말로 일 미터 간격으로 세워져 있었기에 그는 한 번도 갇힌 적이 없었던 셈이다. …(중략)… 그는 이 지구상에 갇혀 있다고 느낀다. 그에게는 활동의 여지가 없다. 갇힌 자의 슬픔, 허점, 질병, 광기가 그에게서 터져 나온다. 어떤 위안도 그를 위로하지 못한다.[4]

사람들 모두 자극적인 이슈나 농담에 관심을 가지는 직장생활이 끝나면 카프카는 집으로 돌아가 밤늦도록 소설을 썼다. 자신만의 문학에 몰두하다가 날이 밝아오면 다시 보험회사의 책상 앞에 앉아야 했다. 존재가 도구로 소비되는 자본주의 세상에서 카프카가 할 수 있는 유일한 반항은 글을 쓰는 작업이었다. 밤마다 필사적이었던 카프카의 글쓰기

---

3) 카프카, 『카프카의 일기』, 솔출판사, 424쪽.
4) 같은 책, 689-691쪽.

는 혼자 탁구를 치는 느낌을 준다.

감옥이 아닌 감옥. 한 번도 갇힌 적이 없으면서 늘 갇혀 있음을 명백하게 느낀다는 것. 거기서 카프카의 미로는 시작된다. 원하는 것이 무엇이냐는 물음에조차 그는 답을 하기 어려웠다. 그의 지적 충동과 호기심은 결국 고착화되고 억압된 세계에 반기를 들 수밖에 없었다. 그것이 글쓰기였다. 그것은 부조리를 두렵게 경험한 자만의 권리이기도 했을까. 진실에 대한 믿음을 지속적으로 강요하는 문학은 차라리 소명에 가까웠던 걸까. 두 번이나 약혼했으나 평생 독신이었고 마흔 한 살을 앞두고 결핵으로 죽었다.

부정하기와 인정하기

그의 글쓰기는 반정립적 세계를 보여준다. 그러나 그는 그 반정립이 가진 흔들림을 괴로워했다. 카프카는 이미 세계 자체는 도무지 정하여 세울 수 없는 것임을 깨닫고 있었지만 반정립의 혼돈을 넘어서고자 했다. 쉽게 세워지지 않는 삶과 꿈, 세계를 응시하고 시험하고 또 응시하는 일은 거꾸로 된 정삼각형 같은 것이었을까. 그 흔들림은 불안의 가장 큰 원인이기도 했다. 정립의 사전적 의미는 매우 개념적이다. 전체에서 특정한 면이나 일정한 내용을 추출하는 일. 어떤 사물을 타당한 것이라고 잠정적으로 규정하는 사유의 기초적인 판단 작용. 그리고 헤겔의 변증법에서, 논리를 전개하기 위한 최초 명제 또는 사물 발전의 최초 단계. 이에 따라 반정립은 인식認識이나 사물 발전의 첫 명제인 정립을 부정否定·반대反對하는 둘째 명제이다.

그가 반정립의 세계관은 권위적인 가부장제와 엄격한 통제와 감시 속에 이루어진 주입식 교육제도에서 출발했을 것이다. 그는 탈출의 틈을 들여다보기 시작했다. 거기다 관료주의 정치, 초기 자본주의의 폐해, 그리고 제1차 세계대전은 카프카에게 끊임없는 부정의 대상이었다. 그리하여 그의 글쓰기는 의식과 무의식, 진실과 허위의 궤도를 맴돌며 반정립의 출구를 찾아가게 된다. 그가 정립하고자 하면 할수록 반정립의 세계는 확장되었을 것이다.

카프카의 미로는 그 자체로 반정립의 세계가 된다. 그래서 끊임없이 불안해하고 고뇌하며 절망하고 예민했던 존재는 인간을 억압하고 통제하는 현실을 항상 탐구하고 인식하고 있었다. 우리가 그의 사유를 따라가려면 스스로를 전복하는 그 힘이 필요하다. 그의 난해함과 모호성은 우리가 잘 모르는 가장 깊은 바다의 밑바닥을 닮아 있다. 심연을 뒤집지 않으면 우리는 막연하게 그의 글 앞에 놓인 나무막대기로 된 짧은 자(尺) 같이 된다. 어떤 것도 잴 수 없다.

반정립反定立에 대한 나의 반감은 확실하다. 반정립은 기대하지 않는 데서 오긴 하지만 그렇다고 갑작스러운 것은 아니다. 왜냐하면 그것은 항상 아주 가까이에 놓여 있었기 때문이다. 만약 무의식이었다면, 그렇게 그것이 극단적으로 가장자리에 있었다는 것이다. 그것은 그렇게 철저함, 충만함, 빈틈없음까지도 만들어낸다. 하지만 단지 운명의 수레바퀴 속 인물처럼 그렇게만 가능하다. 즉 우리의 작은 발상을 그 원 안에서 쫓아다니는 것이었다. 정말 이렇게 다를 수 있고, 차이가 없어도, 마치 물에 부풀려지듯이 그들은 손 안에서, 시작할 때의 조망으로, 무한대로 그리고 결국에는 평균치의 항상 똑같은 크기로 성장한다. 그것은 안으로 말리고 바깥으로 뻗을 수가 없고, 어떤 근거를 댈 수가 없으며, 나무 속 구멍이고, 서 있는 질주이고, 내가 보여준 것처럼, 반정립 스스로와 같게 끌어내린다. 마치 모든 것을 동등하게 그리고 영원히 끌어내리기라도 하고 싶은 것처럼.[5]

부정하는 힘, 바로 계속해서 변화하며 새로워지고 죽어가고 다시 살아나는 투사 유기체인 인간이 가장 자연스럽게 발현하는 이 힘을 우리는 언제나 가지고 있지만 용기가 없는 것이다. 반면 어쨌든 삶은 부정하기이며, 그러므로 부정하기는 인정하기이다.[6]

나의 토대가 그렇게도 비참하다 할지라도, '같은 사정에서' 특히 나의 의지박약을 감안해서 이 지구상에 가장 비참하기조차 할지라도, 내 마음속에서만이라도 그 허약한 토대를 가지고 최선을 다해야만

---

5) 같은 책, 210쪽.
6) 같은 책, 698쪽.

한다.[7)]

카프카는 글을 통해 부조리와 불안과 공포를 벗어나고자 했고, 모든 허위를 진실과 순수로 끌어가고자 했다. '모든 것을 동등하게, 영원히 끌어내리는 힘'처럼 부정과 인정은 서로 닮아있음을, 아무리 비참해도 최선을 다하는 것만이 최상임을 그는 알고 있었다. 그렇게 해서 세계는 지속적인 존재의 세계로 고양될 수 있음을 믿었다. 반정립, 부정, 허약한 토대 등 서로 방향은 다르지만 근본적인 절망은 부조리 안에서 실존을 드러내주는 리좀이었을 것이다.

뚜렷하게 전업작가를 공표할 수 없었던 카프카. 평범하게 보험회사 직원으로 살면서 자신의 방에서 홀로 펜끝을 응시한 카프카. 그렇게 해서 만난 실존적 자아는 늘 투쟁하는 늙은 추장의 먼 응시를 닮았다. 표면의 가치를 통해 판단하는 세상, 그 권력의 모순을 통해 만들어지는 부조리를 향한 응시는 점점 칼끝을 닮아 갔다. 모든 부조리에 대응하기 위해 그는 일기와 편지에 더 매달렸던 걸까. 모든 심적 압박을 넘어 진실한 자기 존재를 구축해 나가는 강인한 고독이 그를 성장시켰으리라. 더없이 섬약했던 카프카에게 탐구는 자신을 쪼개는 도끼였다.

---

7) 같은 책, 702쪽.

나는 페이너와 에케하르트를 읽고 있네. 많은 책들은 자신의 성안에 있는 어떤 낯선 방들에 들어가는 열쇠 같은 역할을 하네. …(중략)… 그런데 말이지만, 이미 꽤 오랫동안 아무것도 쓴 것이 없다네. 이 모양새가 바로 날세. 신은 내가 글쓰기를 원하지 않는 거야. 하지만 내가 원해. 그러니 해야 하네. 그래서 그것은 영원한 상승과 하락인 것이야.[8]

우리는 오직 우리를 깨물고 찌르는 그런 책만 읽어야 할 거야. 만약 우리가 읽는 책이 주먹으로 쳐서 우리의 두뇌를 일깨우지 않는다면 무엇 때문에 책을 읽겠는가? …(중략)… 그러나 우리에게 필요한 것은, 우리에게 큰 고통을 가져다주는 재앙 같은, 우리가 우리 자신보다 더 사랑했던 누군가의 죽음과 같은, 모든 사람으로부터 숲 속으로 추방된 것 같은, 자살과 같은 느낌을 주는 그런 책이지. 책이란 우리 마음속에 있는 얼어붙은 바다를 깨는 도끼여야 해, 나는 그렇게 생각해.[9]

내 상태는 불행은 아니다. 하지만 행복도 아니다. 내 상태는 무관심도 아니고, 나약함도 아니며, 지친 것도 아니고, 다른 어떤 관심도 아니고, 그러니까 이 상태가 도대체 뭐란 말인가? 내가 이를 알지 못한다는 사실은 아마 글을 쓸 능력이 없다는 것과 관련이 있다. 그리고 이 무능함을, 이 무능함의 이유는 알지 못하면서, 난 이해하고 있다고 믿고 있다. …(중략)… 하지만 매일 적어도 한 줄은, 마치 사람들이 이제 혜성을 향해 망원경을 겨냥하듯이, 나를 겨냥해야만 할 것이다.[10]

---

8) 카프카, 『카프카의 편지』, 솔출판사, 57-58쪽.
9) 카프카, 『행복한 불행한 이에게』, 솔출판사, 67쪽.
10) 카프카, 『카프카의 일기』, 솔출판사, 15쪽.

위 단락들은 그의 읽기와 쓰기 양상을 잘 설명하고 있다. 카프카의 병적인 강박증이 그대로 드러나 있는 것이다. 하지만 폭력적인 현실 속에서 주체적인 존재가 물화되고 소외되고 있는 현실을 관찰하는 그의 눈빛은 환상이 가능한 글쓰기를 낳았다. 날카로운 예지와 직관적인 사고는 모든 강압의 본질을 꿰뚫고 있다. 그것은 재앙과 같고, 추방이어야 했고, 자살과 같은 느낌. 이러한 강인한 '읽기'는 결국 쓰는 무능함으로 연결되어 그를 괴롭힌다.

"망원경으로 혜성을 살피듯이 자신을 향해 매일 적어도 한 줄의 글이라도 써야 한다"는 그의 각오는 처음부터 도끼여야 했던 '읽기'와 같은 행보이다. 도끼는 읽기와 쓰기를 비롯한 문학의 그리고 자신과의 모든 투쟁을 의미했다. 오죽하면 자신을 향해 '신은 글쓰기를 원하지 않는다'고 고백했을까. 하지만 그 문장을 통하여 '그러나 나는 원한다'는 절대각오, 자신이 글을 써야만 하는 이유를 선명하게 더 고집스럽게 강조하고 있다. 글쓰기를 자기 현존재의 유일한 정당성으로 삼았던 것이다. 그가 사용한 '겨냥'이라는 단어는 모든 환幻을 꿰뚫고 있다. '자신을 겨냥한 글쓰기', 거기서 정립을 꿈꾸는 그의 반정립은 다시 미로를 만들고 있는 것이다.

지상의 사물들과 그 틈들은 보이는 것보다 더 깊은 미로들이다. 그 관계를 새롭게 구축하려는 그의 열망은 글쓰기에 그를 가두었다고나 할까. 하지만 삶의 강박증은 구원이 될 수도 있다. 진실에 대한 강박증, 나를 겨냥하는 결벽증이 어쩌면 실존의 뿌리는 아닐까. 현대에서는 한낱 증상으로 치부되고 치료되어야 할 병증이지만, 기실 그 강박증이 우리가 잃어버린 본래적 가치를 향한 간절한 기투이기 때문이다. 그래서 라깡은 "내가 생각할 수 없는 곳에 존재한다"고 말했던 걸까.

글쓰기의 쇠사슬

구원은 어디서 올까. 이 질문은 다양한 지층을 디디고 있다. 인간에게 구원은 무엇을 의미하는가. 또 우리는 '어딘가'라는 방향을 보고 있다는 것. 그리고 기다린다는 것. 카프카는 다윈, 니체, 스피노자 등에 열중했고, 모든 종교와 종교적인 것에 대해 거부감을 가졌다. 사회주의, 무신론, 범신론, 민족주의 등 여러 이념에 관심을 보였다. 이는 당시 전환기를 맞은 유럽의 분위기 때문이기도 했다.

나는 살기 위해서 가졌던 소망들을 시험해보았다. 삶에 대한 견해를 얻고자 하는 소망 …(중략)… 이 가장 중요하거나 혹은 가장 매력적인 것으로 판명되었다. 이 소망 속에서 삶이란 그 본래적인 무거운 부침(浮沈)을 유지하기는 하지만 동시에 적잖이 명백하게 일종의 허무함으로, 꿈으로, 부유하는 것으로 인식된다.[11]

최고의 순수함에 도달하기만 한다면, 고통을 주든지 즐거움을 주든지 간에, 순수한 인상들을 내 전체 존재 속에 흩어지도록 하지 않고 새로운 예측하지 못한 약한 인상들로 흐리게 하고 쫓아내는 것은 나의 오랜 습관이다.[12]

위의 이런 생각들은 그가 머문 실존의 가장자리를 보여준다. 살기 위해 소망들을 시험해본다는 것. 이는 그가 매 순간 절실했다는 말이기도 하다. 결국 독서와 글 쓰는 것보다 더 나은 길이 없다는 카프카의 의지를 이해하게 만든다. 그에게는 실존 이유가 된 글쓰기였지만 그것은 위태로운 삶의 가장자리였고, 직장생활과 부모, 생계와 부딪치는 일이었다. 평생을 기다린 문 앞(「법 앞에서」)에서 그가 기다린 구원의 메시지는 그의 병적인 집착과 결코 구원될 수 없으리라는 절망감이다. 따라서 그의 글 속에는 부정의 유령들이 끊임없이 떠돌 수밖에 없었을 것이다. 하지만 "나는 문학에 관심이 있는 것이 아니라 문학으로 만들어져 있으며,

---

11) 같은 책, 694쪽.
12) 같은 책, 173쪽.

다른 그 무엇도 아니고 다른 그 무엇도 될 수 없다"는 그의 고백처럼 카프카에게 문학은 유일한 산소 구멍이었다.

> 생동감 없이 인생을 살아온 자는 자신의 운명에 대한 절망에 조금이라도 저항하기 위한 손 하나가 필요하다. 물론 이것은 아주 불완전하리라. 그러나 다른 한 손으로 그는 폐허 더미 속에서 본 것을 기록해야 한다. 왜냐하면 그는 다른 사람들과는 다르게 그리고 더 많이 보기 때문이며, 그는 살아 있었지만 죽어 있었기에 본디 살아남은 자이다.13)

> 글을 쓸 때는 언제나 더 불안해진다. 이해할 수 있다. 모든 단어들은 유령 —손을 이렇게 휙 돌리는 것이 유령들 움직임의 특징이다— 의 손 안에서 방향을 바꾸면서 화자에게로 끝을 겨누는 창이 된다. 이 같은 발언은 매우 특별하다.14)

그가 글을 쓰는 방식이 엿보이는 단락이다. 자신의 모든 어휘가 "유령의 손 안에서 방향을 바꾸어 화자(자신)을 겨누는 창이 된다"는 고백은 그의 글쓰기가 얼마나 깊은 통증에서 건져올리는 것인지를 보여준다. 구원의 메시지는 언제나 필사적이었다. 글쓰기를 하나의 출구로 삼았던 카프카는 결국 출구를 찾지 못한 것으로 보인다. 삶에는 출구가 없다는 게 그의 지론이었을까. 친구에게 모든 작품을 태워 없앨

---

13) 같은 책, 705쪽.
14) 같은 책, 751쪽.

것을 부탁했던 그의 유언은 그러한 절망을 보여준다. 모순의 극복과 저항은 지겨운 일이고 착실한 일이지만 동시에 급진적인 글쓰기로 자신을 갉아먹는 일이었다. 그가 읽어내고자 했던 모든 불행의 징후들. 불행을 읽는다는 것 자체가 절망에 몰두하는 일이었다.

자본주의 체제와 제국적인 시스템, 아예 존재의 본성과는 뒤틀린 관계에서 응시자는 무엇을 할 수 있을까. 폭력적인 권력에 스스로를 희생하든 스스로 은폐시키든 어떤 방식으로라도 응답해야 한다. 카프카는 시선을 통해 자신을 실존의 가장 정직한 지점으로 몰아갔다. 모든 상황은 미로일 수밖에 없다. 끊임없이 길을 잃지만 글쓰기는 그가 온몸으로 찾아갈 수 있는 영혼의 장소였던 것이다. 난해성과 은유로 가득한 그 복잡한 실타래에서 우리는 반짝이는 구리선을 본다. 그것을 구원이라고 부를 수 있을까.

호기심은 실존이 되지 못한다. 모호함과 부조리함은 우리를 절망시키지만 존재에 대한 질긴 불안만이 실재계를 열어주고 실존을 비춘다. 그 불안이 우리에게는 진정한 인격이 되고 자존심이 된다. 그리고 행동할 때 그것은 자유가 된다. 불신은 모든 몽상을 뛰어넘는 실존이다. 부조리는 그런 통증을 통해 자유를 비춘다는 말이다. 본질은 영원히 볼 수 없는 곳에 감춰져 있는 것이 아니다. 끝까지 응시하고 집착해서 써내려가는 펜끝에 살아있다.

> 그는 자유로우면서도 안정된 지상의 시민이다. 왜냐하면 그는 모든 지상공간을 자유로이 활보하기에 충분한 길이의 쇠사슬에 매어 있기 때문이다. 그러나 그 길이는 그가 지상의 경계를 넘어설 수는 없는 길이이다. 그와 동시에 그는 지상의 그것과 유사한 길이로 천상의 쇠사슬에도 매어 있기 때문이다. 이게 그가 지상으로 가려고 하면 천상의 쇠사슬이 죄어올 것이다.[15]

그가 반감을 가졌던 반정립은 합에 이르지 못했다. 아니 쇠사슬의 자유를 합으로 규정한 걸까. 쇠사슬 길이의 경계가 자유라면 우리는 그 척도를 아는 게 좋을까 모르는 게 좋을까. 사물이나 동물, 또는 모든 상황을 통해 새로운 관계를 제시하려는 그의 글쓰기는 결국 평범한 것 속에 숨어있는 환상을 읽어내었다. 우리는 그 아슬아슬한 경계를 사랑할 수밖에 없다. 그 길이를 모른 채.

「변신」 속의 갑충은 죽었지만 그레고르의 영혼을 살아있다. 그때 갑충으로 변신한 그레고르는 모든 현대인의 삶에서 끊임없이 분열하며 일어서는 것이다. 갑충 속에 있는 아름다운 영혼, 껍데기는 갑충이지만 끝까지 인간적이었던 그의 응시 속에 세계는 굴러가고 있는 게 아닐까.

---

15) 이주동, 『카프카 평전』, 소나무, 584쪽.

꿈, 허虛를 읽는 객관적인 창조자의 응시

응시자의 불면증

기차가 지나갈 때, 구경꾼들은 뚫어지게 응시한다.[1]

솔 출판사에서 발간한 카프카 전집 6권 『카프카의 일기』의 맨 첫 문장이다. 941쪽에 걸친 일기는 1909년에 쓰기 시작해서 1923년까지 카프카의 내면에 꿈틀거리는 미로를 그대로 보여준다. 특히 이 책에는 꿈의 내용들이 많이 나타나고 있다.

그는 꿈에 대해 많은 일기를 썼고, 그 꿈의 장면들은 아주 구체적으로 동시에 은유적으로 묘사되어 있다. 꿈은 그가 반드시 등장시켜야 할, 현실에서 감지되지 않는 인물과

---
1) 카프카, 『카프카의 일기』, 솔출판사. 11쪽.

풍경들이 통과하는 무의식의 방이다. 하나같이 미세한 묘사로 제시된 꿈들은 끊임없이 미끄러지고 있는 그의 은둔과 조심성을 보여준다. 때문에 그가 일기에 기록한 꿈의 풍경들은 작품의 다의성으로 확대되고 있다. 그 세세한 묘사들은 그가 죽은 후 백 년 내내 지속적으로 카프카가 꿈속에서 길을 잃고 있음을 보여준다. 그만큼 그의 고뇌와 절망들은 아직도 성실하게 절실하게 허공을 걷고 또 걷는다.

작품 속에서나 일기나 편지 속에 나타나는 그의 꿈꾸기는 언제나 길을 잃는 형식으로 드러난다. 끊임없이 맴도는 허상들은 그가 찾아가려는 실존에 대한 응답이기도 하다. 그의 꿈은 그가 얼마나 필사적으로 삶에 매달리고 있는지, 또 사회적인 폭력과 힘겨루었는지를 암시한다. 꿈은 그가 가야만 했던 무수한 길들이었다. 그것은 법을 찾아가는 길이기도 성을 찾아가는 길이기도 하다. 길을 잃는 그 절망은 21세기 독자들의 심장을 관통하며 속절없는 통증을 유발한다. 꿈속에서 더욱 선명한 현실은 거의 공포와 비명에 가깝다.

꿈은 카프카가 즐겨 다니던, 그 시대의 연극 무대와 음악회를 비롯한 낭독회와 전시회를 관찰하는 그의 시선과 닮아 있다. 아주 객관적인 창조자로 참여하고 있는 것이다. 그가 지속적으로 언급하는 무대를 향한 관찰자적인 비판은 등장

인물을 바라보는 신의 응시를 연상시킨다. 편지나 일기, 여행의 기록 등에서 다양한 무대, 자신 통과하고 있는 인상들을 그는 우리에게 내던진다.

나, 오로지 나만이 1층 좌석의 관람자이다.2)

나는 계획들을 짠다. 내가 들여다보고 있는 상상적인 만화경의 상상적인 구멍으로부터 눈을 떼지 않기 위해서 나는 내 앞을 그대로 응시한다. 나는 좋은 의도와 이기적인 의도를 막 섞어놓는데, 이때 선의적인 의도는 색깔이 희미해서 이기적인 것으로만 되어버린다.3)

카프카에게 꿈은 틈이 발생하는 극장, 무대 그 자체였다. 계속 뭔가 내면적인 언어들이 구체적인 풍경으로 발현되는 자리, 바로 거기 객관자로 앉아있는 비판자. 그는 사람들이 표면적인 것, 극중에서 거론되는 실존적인 상황보다 이슈거리에 집중함을 비판한다. 과장된 춤과 노래, 연기가 진정한 인간과 상황을 드러낼 수 있는가를 의심하는 것이다.

그는 늘 불면증에 시달렸는데 이는 자신이 응시자임을 자각하는 까닭이다. '상상적인 만화경의 상상적인 구멍', 이것이 카프카가 선택하는 위치이다. 이러한 응시는 불안과 고뇌를 품은 의심이기도 하다. 이 응시는 잠, 또는 잠들기,

---

2) 같은 책, 380쪽.
3) 같은 책, 434쪽.

잠들기 전의 시간에 관한 에세이나 일기 속에 지속적으로 나타난다. 잠을 잔 날에는 잠에 대한 경이를 표현할 정도로 이러한 불면의 고통은 꿈에 대한 이야기로 연결된다.

> 짧은, 경련하며 떨었던 짧은 잠 속에서, 전력을 다해서 나를 끝없는 행복 속에 꽉 잡아놓은 꿈. 일천 개의 관계로 아주 복잡하지만 일격에 명료해지는 꿈이었으나, 근저에 깔려 있었던 기본적인 감정이 도무지 기억나지 않는다. …(중략)… 형벌, 해결, 구원은 저 멀리서부터 가까이 온다.4)

> 불가피한 의무인 자기관찰 : 누군가 다른 이로부터 내가 관찰당하고 있다면 자연스럽게 나도 역시 자신을 관찰해야만 한다. 내가 그 어느 누구로부터도 관찰당하고 있지 않다면, 나는 더욱더 나 스스로를 더 정확하게 관찰해야만 한다.5)

> 나는 잠은 잘 들기는 하지만 머리를 잘못된 구멍에 눕혀놓기라도 한 것처럼 한 시간 뒤에는 깨어난다. …(중략)… 또 잠을 잘 일이 새로이 내게 놓여 있고, 잠은 나를 거부하고 있는 것처럼 느끼고 있다. …(중략)… 나는 자고 있기는 하지만, 많은 꿈들로 동시에 깨어 있는 그런 상태에 있다. 나 스스로는 꿈들과 맞붙어 싸워야만 동안 내 곁에서는 내가 모양새로는 잠을 자고 있다. 5시경에 잠의 마지막 흔적도 다 써버렸고, 나는 깨어 있는 것보다 더 힘든 것을 꿈꾸고 있을 뿐이다.6)

---

4) 같은 책, 706쪽.
5) 같은 책, 1921. 11. 7일자 일기, 709쪽.
6) 카프카, 『카프카의 일기』, 2017, 솔출판사, 44-45쪽.

불면증은 응시하는 자, 귀 기울이는 자가 겪어야 할 당연한 불행인지 모른다. 계속 진실에 대한 의문을 던지기 때문이다. 이는 의심하는 자의 형벌이기도 하다. 실체 없는 허상의 시스템에 대한 저항은 체제에 스스로 길들여진 이들에겐 번거로울 뿐이다. 그러나 카프카는 스스로를 추방당한 자로 자인하며 실재를 직시하고자 한다. 모든 폭력과 경쟁, 욕망과 위기에 길들여진 인간을 읽어가는 그 시선은 삶을 환상과 미로로 만들 수밖에 없지 않을까. 그래서 그는 「변신」을 쓸 수 있었는지 모른다. 타협하지 못하고 끝까지 의심하는 그의 강박증은 그렇게 희생을 만들어낸다.

꿈이 카프카에겐 형벌이고 해결이고 구원이었던 걸까. 글쓰기와 삶, 꿈과 여행, 법과 고독 모두가 꿈속에 용해되고 있다. 일천 개의 관계로 복잡하지만 일격에 명료해지는 꿈에 그는 집중했다. 그는 누군가의 위안을 받고 싶었지만 그를 더 당긴 것은 자기 실존의 고독한 가장자리였던 것처럼, 그 위험한 지점을 그는 정확히 인식하고 싶어 했다. 누구를 위한 것인지도 모르는 위안을 찾아다니는 일을 그는 진즉 포기한 것이다. 카프카가 던지는 보이는 무대에 대한 관찰자적인 비판은 결국 의심이다. 늘 본질의 겉만 맴돌 뿐 삶의 실체에는 결코 접근할 수 없는, 우리는 누구일까.

틈의 존재들이 일깨우는 것

우리는 틈의 자식이다. 틈은 언어로 의미화 되기 이전의 미지의 세계이다. 그것은 침대 밑의 귀신과 같다. 틈은 의미가 구분되지 않는 내 안의 바깥이다. 세계는 틈으로 만들어졌지만 세계는 틈을 설명해낼 수 없다. 세계는 이미 기호화되었기 때문이다. 틈은 규정되지 않는 텅 빈 자리이고, 의미 이전의 근원적 장소이다. 의미가 아니라 존재의 자리, 그 무한한 심연의 틈에 카프카의 문학이 구축되었다.

존재론이란 의미가 구분하는 것으로는 완전히 설명되지 않는 세계가 존재한다는 말이다. 의미 이전에 존재하는 것이 있다는 말이다. 지식으로 이해할 수 없는, 의미 이전의 존재를 카프카는 계속 응시했다. 카프카의 현실과 카프카의 문학이 만나는 접점에 있는 그 틈은 계속 꿈으로, 그가 응시하고 있는 어떤 무대로 환치되어 우리 앞에 드러난다. 1910년 6월 19일의 일기, 또 그 이후의 일기는 거의 꿈 이야기로 가득하다. 삶만큼이나 꿈은 카프카의 일상을 열어주는 문이기도 했다.

자다가 깨어났고, 자다가, 깼었고, 비참한 인생[7]

---

7) 같은 책, 18쪽.

오후에 뺨이 곪는 꿈을 꾸다. 평범한 삶과 외견상으로 실제인 공포 사이에서 지속적으로 떨리고 있는 경계.[8]

그의 뒤통수에서 분절된 조각이 떨어져 나왔다. 전 세계가 벌건 대낮에 들여다볼 것이다. 그래서 그는 신경질적이 되고, 일을 떠나 딴 데에 주의를 돌린다. 또한 그는 지금 막 그 연극에서 배제되어야 하기에 화가 난다.[9]

그리고 비록 내게서도 약간은 아득한 과거처럼 보였을 때에도, 내가 정당한 권리가 있는 것으로 보았던 슬퍼할 수 있는 능력을 잃어 버렸다. 이 슬픔에서 나는 잠을 더 잘 잘 수 있다는 희망을 가졌었다.[10]

그가 시달린 불면증은 거의 분열을 닮아있어 그의 작품을 난해하게 한다. 하지만 그때마다 그는 틈을 제시한다. 내가 결코 지배할 수 없는 결핍된 타자로 들어와 있는 그 틈은 그저 공백이 아니다. 규정할 수 없지만 끊임없이 자유를 꿈꾸는, 해방의 힘이 작동하는 곳이다. 하지만 그곳은 고통스럽다. 인간에게 가치를 부여해주는 것들은 대부분은 길들여진 가치가 아니라 고통으로 다가오기 때문이다.

꿈과 환상은 카오스가 작동하는 틈이다. 그가 혼자서 꾼 꿈이나 연극이나 낭독회의 무대를 직시하는 순간 그의 객관

---

8) 같은 책, 1922. 3. 22일자 일기, 740쪽.
9) 같은 책, 1920. 1. 10일자 일기, 688쪽.
10) 같은 책, 48쪽.

적 응시는 매우 무의식적으로 작동한다. 내면 속에 깃든 죄의식과 어떤 은폐를 발견하려는 힘. 이러한 무의식의 발로에는 끊임없는 자존심이 움직이고 있다. 그는 존재에 대한 자신의 욕망과 절망적 시스템에 대한 분노는 그가 찾아가야 할 심연을 향한 절대적 애정은 아니었을까.

도무지 친숙하기 어려운 그 심연에서 생명성의 본질이 어룽거린다. 심연을 가진 자가 가져야 할 정당한 자긍심과 향연을 잃어버리면 우리는 도구가 된다. 시스템에 의해 소비되는 개인을 카프카는 견디지 못했다. 그는 왜 자신의 시대가, 아니 인류의 문명이 시스템의 지배에 들어갔는지 따지고 싶었던 걸까. 삶은 카프카에게 경악이었을까. 늘 글쓸 시간이 부족했던 그가 글 속에서 불러내는 현기증과 어려움은 전락과 변신, 충격과 교란으로 미로가 되고 만다. 문득 일상 속에서 깨닫는 경악은 꿈과 환상이라는 무대를 제공한다. 현실과 환상의 차이가 만드는 그 장소를 카프카는 예리하게 주시하고 있다. 드디어 모순적이고 비정상적인 꿈을 통해 현실은 정직해진다.

카프카가 관찰하고 있었던 건 인간을 병들게 하는 시스템이었다. 시스템은 어떻게 우리를 지배하는가. 우리는 시스템 속에 생활하고 시스템의 지배 아래 있지만 그 시스템은 실체가 없다. 아무리 만나고 만지고 대화하고 싶어도 시스템엔 접근하기도 어렵고 관계맺기도 어렵다. 자본주의 시스템이 그렇고 법이 그렇고 카프카가 들어가고자 했던 성城이 그랬다. 모든 존재를 대상화하는 현실에서 카프카가 직접 확인하고자 했던 것은 바로 보이지 않은 데서 존재 전체에 명령하는 시스템이었다. 그 시스템엔 어떤 틈도 없었다. 하지만 카프카는 불면이 일깨우는 모든 의심에 의연해지려고 노력했다.

> 그러므로 최선의 방안은 가능한 모든 것을 침착하게 받아들이고, 묵직한 덩어리처럼 행동하며, 만일 어디론가 실려가는 것처럼 느껴지더라도 괜한 발걸음을 내딛게 되는 일에 현혹되지 않는 것이며, 동물의 눈으로 다른 사람을 바라보고, 후회의 감정에 빠지지 않으며, 지금 불타고 있는 중이더라도 마치 멀리 있는 것처럼 느끼는 그런 무의식에 몸을 맡기고, 뻣뻣하고 변화되지 않는 사지들은 제멋대로 누워 있게 놔두고, 유령 같은 삶에서 아직도 뭔가가 남아 있다면 그것은 두 손으로 간단하게 제압해버리는 것이다. (…) 나의 기진맥진한 상태로 인해 느끼는 짜증과 슬픔에 자양분을 공급하는 것은 무엇보다도 미래에 대한 전망이다.11)

그는 모든 불면 앞에서 의연해지려고 노력했다. 위 단락은 숨겨진 미래를 확보하기 위해 스스로에게 당부하는 모습을 보여준다. 진실을 탐험하고 있는 미로의 복잡성이 그의

---

11) 같은 책, 303-304쪽.

꿈을 통해 다양한 무대를 만들며 진실을 강력하게 묻는 것. 그의 꿈은 결국 극복해내야 할 일상의 다른 양태이다. 은폐시킨 의심과 증오, 그리고 죄의식을 객관적으로 이해하는 방식이 틈이고 꿈이고 연극무대인 것이다. 어떤 상황이 삐져나온 환영은 매우 아프다. 무의식의 저 깊은 곳, 지질학을 이해하듯 현미경으로 오래 들여다보아야 할 심층에서 우리를 마주보는 것들이 걸어 나온다.

그에게 '진정한 문학'이라는 확신은 틈을 통하여 전개되고 분명해진다. 안과 밖이 겹치는 부분, 안도 바깥도 아닌 부분, 질서화 되지 않는, 차이와 구별이 없는 그곳은 언어 이전의 장소이다. 완벽하게 육체와 영혼을 열어놓는, 그 혼돈에서 자신의 맥락을 찾아 읽는 의지는 그 괴이한 진실을 마주하는 최선의 자유이기도 하다.

허상을 향하여, 허상을 위하여

그가 꿈의 내용을 끝없이 기록하는 과정은 결국 삶은 허상임을 강조한다. 글을 쓸수록 그리고 다양한 책을 읽을수록 그는 도무지 들어갈 수 없는 성城을 감지했을 것이다. 카프카의 내면 속에 있는 '아버지'에 대한, 권력과 권위에 대한, 시스템에 대한 의심과 절망은 결국 카오스로 환치된다. 환幻을 살아가는 동안의 무능력과 무기력함은 바로 불안을 낳을 수밖에 없다. 그 불안은 현대인 누구나를 한 마리 갑충으로 변신시키는 요소이다. 어느 누가 나는 갑충으로 변신할 수는 없노라고 말할 수 있을 것인가. 그만큼 시스템 안에서 스스로의 도구성을 확인하는 현대인들은 갑충의 가능성을 내포한 채 살아간다. 그 충격을 카프카는 미리 전언한 것이다.

설명할 수 있는 불안과 설명할 수 없는 불안이 있다. 둘 중 해소될 수 없는 불안이 존재한다는 사실이 인간을 인간으로 만든다고 하이데거는 강조했다. 결코 의미가 부여되지 않는 텅 빈 공간, 그 틈에서만 인간의 사유가 가능하다는 것이다. 존재론적인 틈을 직시한다는 것이다. 하지만 비어있는 곳을 채우려는 환타지가 생길 수밖에 없다. 카프카는 주변이 어떤 허상으로 되어있는지를 알고 있었다.

카프카의 글쓰기는 바흐친이 말한 '헤테로글로시아(Hetoglossia)', 즉 이종언어의 세계가 아닐까. 어느 한 언어가 지니고 있는 내적 분화현상 말이 텍스트 속으로 들어오게 되면 그 성격이 달라져 본래 언어는 타자의 언어로 바뀌어지게 된다. 이 다른 목소리엔 두 개의 서로 다른 의도가 담긴다. 서로 다른 의도란 말을 하고 있는 텍스트 주인공들의 의도와 저자의 굴절된 의도를 말한다. 이들 이종적 목소리와 의도는 마치 실제로 대화를 나누는 것처럼 대화적[12]으로 관련된다.

그가 응시하는 꿈과 무대는 의식의 치열한 대립을 보여주는 이종의 언어로 된 카오스이다. 무가치와 유용성, 억압과 굴종, 비현실과 리얼리티는 서로 대별되면서 실존의 소외라는 타자성을 보여주려는 것이다. 그건 거울도 아니고 탈출도 아닌, 혼돈을 찾아들어가 자신 안의 타자를 만나려는 하나의 연구이다. 그의 일기는 유령을 닮은 헤테로글로시아를 보여준다.

> 일기 읽기에 빠져 있다. 이것이 바로 지금 내가 더 이상 최소한의 확신도 갖지 못하는 이유이다. 내게는 모든 것이 허상처럼 보인다. 다른 사람의 말, 우연한 광경 하나하나가 내 안에 있는 모든 것, 심지어는 잊고 있었던 것, 전혀 중요하지 않은 것을 다른 쪽으로 굴려 보낸다. 그 어느 때보다도 더 불안하다. 단지 삶의 위력만을 느낄 뿐이다. 그리고 무의미할 정도로 공허하다. 나는 정말 한밤중 산 속에서 길 잃은 한 마리의 양 아니고 이 길 잃은 양을 쫓아가는 양과 같다. 이처럼 길을 잃고도 그것에 대해 하소연할 힘도 없다니. …(중략)…

---

[12] 대화적 관계는 거의 보편적인 현상으로 인간의 모든 언어 그리고 인간 삶의 모든 관계와 표현, 즉 의미를 지니고 있는 모든 곳에 침투한다. 예를 들어 신학과 과학의 본질적인 차이점은 그 대화성에 있다. 과학은 독백적·단성적인 방법으로, 신학은 대화적·다성적인 방법으로 인간의 문제를 조명한다.

분명 또다시 허상에서부터 시작되어 맨 끝은 어딘가 허공에서 떠돌게 될 한심한 관찰 : 잉크병을 거실로 가져가려고 책상에서 들었을 때 나는 뭔가 확고함 같은 것을 내 안에 느꼈다. 예를 들어 큰 건물의 모퉁이가 안개 속에 나타났다가 금방 사라지듯이 말이다. …(중략)… 이러한 예측, 이러한 선례 따르기, 이러한 특정 불안은 우스꽝스럽다. 그것은 허상들이다. 이러한 허상들은 자신이 유아독존 하는 상상 속에서조차 거의 살아 있는 표면까지만 오게 될 뿐이지만, 그래도 늘 단번에 침수되어야만 한다. …(중략)… 나는 허상들을 추적 중이다. 어떤 방으로 들어가서 나는 한쪽 구석에서 흰 빛을 띠고 뒤죽박죽이 된 허상들을 발견한다.13)

아무것도 하지 않음. 피곤할 뿐.(…) 가령 난롯가의 저녁. 인간은 아침보다는 저녁때 더욱 순결하다. 피곤해 잠들기 전의 시간은 유령들이 원래 순수한 시간이다. 모든 이들이 쫓겨나고 밤이 시작되어야 비로소 그들은 다시 가까이 오며, 아침 무렵이면 여전히 알아볼 수도 없지만 전체가 거기에 있다. 그리고 나서 이제 건강한 사람들 곁에 서서는 다시 그들의 일상적인 추방이 시작된다.14)

'최소한의 확신도 없다'는 그의 고백은 아주 절실하게 다가온다. 확신하는 순간, 모든 것은 금방 안개 속처럼 사라지고 다시 유령처럼 흐물거린다. 삶의 위력만이 느껴지는 그의 현실을 우리는 21세기의 오늘날도 감지한다. 이것이 카프카가 길을 잃는 이유이다. 그래서 그는 허상을 인정한다. 허상을 발견하고 축적한다. 영혼과 육체, 직관과 체험

---

13) 같은 책, 486-489쪽.
14) 같은 책, 729쪽.

그리고 글쓰기와 삶은 '꿈의 논리' 안에서 모든 경계를 넘고 있었다. 그가 발견한 허상들은 하나의 소망이기도 했다. 그는 유령들의 순수한 시간을 기억하고자 했다. 진실에 대한 견해를 얻고자 했던 소망은 매력적인 허무감과 꿈으로 표상되어 이중적인 언어로 된 이어성을 함유한 채 우리에게 전달되었다.

그는 '깊은 밤에 글을 쓰고 있다'는 자각이 드는 순간의 존재감을 사랑했다. 밤이 시작되어야 비로소 가까이 오던 그 유령들은 아침이면 알아볼 수 없는 얼굴이 되지만 그때 카프카는 '전체'를 감지했다. 이는 보이는 현실만으로 존재를 이해하는 방식과는 전혀 다르다. 허상과 허무감은 그런 이종언어에서 불거진 중요한 고백일 수밖에 없다. 카프카의 절망과 불안을 이해하는 일은 어쩌면 자신의 실존을 마주한 이에게는 가슴을 관통하는 두 개의 화살이 된다. 곧 그 누군가가 아닌, 스스로 자기 삶을 연구해가는 사람들 말이다. 삶에 대한 연구는 결코 남에게 맡길 수 없는 중노동이 아닐까. 이는 박노해 시인의 다음 시편을 떠올린다.

우리 모두는
자기 삶의 연구자가 되어야 한다네

내가 나 자신을 연구하지 않으면
다른 자들이 나를 연구한다네

시장의 전문가와 지식장사꾼들이
나를 소비자로 시청자로 유권자로
내 꿈과 심리까지 연구해 써먹는다네

우리 모두는
자기 삶의 연구자가 되어야 한다네

내 모든 행위가 CCTV에 찍히고
전자결제와 통신기록으로 체크되듯
내 가슴과 뇌에는 나를 연구하는
저들의 첨단 생체인식 센서가 박혀있어
내가 삶에서 한눈팔고 따라가는 순간
삶은 창백하게 빠져나가고 만다네

우리 모두는
자기 삶의 최고 기술자가 되어야 한다네 // …(후략)…
—박노해, 「자기 삶의 연구자」 부분

  누군가가 우리를 연구해서 소비한다. 카프카가 직시한 건 그 소비적인 존재에 대한 불안과 절망이었다. 끝까지 자신의 존재와 마주하려 한 그의 노력은 모든 사람을 당혹케 하고 그 난해성은 사람을 당황시킨다. 하지만 그가 마주하고 싶었던 존재의 진실, 우리를 가두고 있는 보이지 않는 시스템에 대한 저항은 그가 불면의 잠 속을 누비는 꿈속의 현실들, 연극이나 낭독회의 무대를 바라보는 객관적인 응시를 통해 우리에게 고스란히 전달된다.

  카프카가 꾸는 나의 꿈을 만난다. 나의 꿈을 꾸는 카프카를 만난다.

필진 약력 [죽간독서회-카프카]

노경자 부산대학교에서 왕실 한글편지 연구로 문학박사학위 취득, 활자와 노는 것을 좋아하며 가끔 멍 때리기를 즐긴다. 인생의 반 바퀴를 돌고서야 제대로 내면을 들여다볼 수 있게 되었다.

이수경 질 들뢰즈의 생성(되기) 철학으로 철학박사 취득. 카프카와 만나며 삶과 죽음의 경계에서 고독한 시간을 보냄. 다시 인문학과 철학하기로 인생을 제대로 마주하려 함.

임영매 현대예술과 초미학으로 문화학 박사 취득. 일상이 문학으로 채워지길 꿈꾼다. 산문집으로 『엄마의 바다』가 있다.

정광모 부산대와 한국외대 정책과학대학원 졸업. 2010년 ≪한국소설≫ 신인상으로 등단. 장편 『토스쿠』 『유토피아로 가는 네 번째 방법』 외 다수의 소설집이 있다.

권경희 빅터 프랭클의 실존철학으로 박사과정 수료. 매일 저녁 와인 한 잔 속에서 삶의 심연을 발견합니다.

김덕아 국사교육학을 전공한 주부로 현재 독서에 빠져 있음. 하루하루 나답게 사는 방식을 찾아가는 중.

김수우 시인, 백년어서원 대표. 『몰락경전』을 비롯한 시집 다수, 『호세 마르티 평전』을 비롯한 십여 권의 산문집 발간. 이상이 현실을 바꾼다고 믿고 있는 이상주의자.

사십계단 위의 카프카

1판 1쇄·2021년 8월 16일

지은이·노경자 이수경 임영매 정광모 권경희 김덕아 김수우
펴낸이·서정원
펴낸곳·도서출판 전망
주　　소·부산광역시 중구 해관로 55(중앙동3가)
우편번호·48931
전　　화·051-466-2006
팩　　스·051-441-4445
출판 등록 제1992-000005호
ⓒ 노경자 이수경 임영매 정광모 권경희 김덕아 김수우 KOREA
값13,000원

ISBN 978-89-7973-551-2
w441@chol.com

* 저자와의 협의에 의해 인지를 생략합니다.